77 TRAUMFENSTER
Geschichten, die beflügeln

Willi Hoffsümmer (Hg.)

77 *Traumfenster*

Geschichten, die beflügeln

Patmos Verlag

VERLAGSGRUPPE PATMOS

PATMOS
ESCHBACH
GRÜNEWALD
THORBECKE
SCHWABEN

Die Verlagsgruppe
mit Sinn für das Leben

2. Auflage 2012
Alle Rechte vorbehalten
© 2010 Patmos Verlag der Schwabenverlag AG, Ostfildern
www.patmos.de
Erstmals 2010 mit gleichem Titel im Matthias Grünewald Verlag erschienen

Umschlaggestaltung: Finken & Bumiller, Stuttgart
Umschlagabbildung: © Württembergische Landesbibliothek
Druck: CPI – Ebner & Spiegel, Ulm
Hergestellt in Deutschland
ISBN 978-3-8436-0317-1

Inhalt

Träume, die den Himmel berühren

Vorwort

»Haben Sie noch Visionen? Haben Sie noch Träume?«, so möchte ich Sie zu Beginn dieses Buches fragen. Denn Träume können den Himmel berühren und die Erde verwandeln.

Die 77 Geschichten dieses Buches sind wie Fenster, die uns den Blick auf unsere Träume und Sehnsüchte öffnen können und Mut machen, über den Horizont des Alltags, ja der Welt hinauszuschauen.

Dazu möchte ich Sie einladen.

Ihr

Willi Hoffsümmer

Offen bleiben für Träume

1
DEN SCHATZ SUCHEN

Den jungen Männern, die zum ersten Mal zu ihm kamen, pflegte Rabbi Bunam die Geschichte von Rabbi Eisik aus Krakau zu erzählen.

Dem war nach Jahren schwerer Not, die sein Gottvertrauen nicht erschüttert hatten, im Traum befohlen worden, in der Stadt Prag an der Brücke, die zum Königsschloss führt, nach einem Schatz zu suchen.

Als der Traum zum dritten Mal wiederkehrte, machte sich Rabbi Eisik auf und wanderte nach Prag. Aber an der Brücke standen Tag und Nacht Wachtposten, und er getraute sich nicht zu graben. Doch kam er jeden Morgen zur Brücke und umkreiste sie bis zum Abend.

Endlich fragte ihn der Hauptmann der Wache, auf sein Treiben aufmerksam geworden, freundlich, ob er hier etwas suche oder auf jemand warte.

Rabbi Eisik erzählte, welcher Traum ihn aus fernem Land hergeführt habe. Der Hauptmann lachte: »Und da bist du armer Kerl mit deinen zerfetzten Sohlen einem Traum zu Gefallen hergepilgert? Ja, wer Träumen traut! Da hätte ich mich ja auch auf die Beine machen müssen, als es mir einmal im Traum befahl, nach Krakau zu wandern und in der Stube eines Juden Eisik unterm Ofen nach einem Schatz zu graben. Ich kann's mir vorstellen!« Und er lachte wieder.

Rabbi Eisik verneigte sich, wanderte heim, grub den Schatz aus und baute das Bethaus, das Reb Eisik heißt.

2

DAS ERBE

Es war einmal ein König, der hatte drei Söhne. Als er alt war, vermachte er dem ersten die eine Hälfte des Königreiches und dem anderen die zweite. Den dritten Sohn hatte er übersehen und ihm keinen Erbteil zugedacht; darüber war dieser Sohn sehr traurig.

Der König aber tröstete ihn und sagte: »Ich schenke dir einen Ankerplatz für deine Sehnsucht und deine Träume.«

»Wo finde ich diesen Ort?«, fragte der Sohn den Vater.

»Morgen«, erwiderte der König, »morgen werde ich ihn dir zeigen.«

Am anderen Tag aber war der alte König gestorben.

Der dritte Königssohn machte sich auf, den Ort zu suchen, den ihm der Vater verheißen hatte. Er reiste in der ganzen Welt umher, fand ihn aber nicht. Schließlich, als er meinte, die ganze Welt zu kennen, den versprochenen Ankerplatz aber nicht gefunden hatte, gelangte er auf eine Insel. Kaum hatte er ihren Boden betreten, wusste er, dass er sich dort befand, wohin er sich in seinem Herzen gesehnt und wovon er in den dunklen Stunden der Nächte geträumt hatte. Er war da, wo die Erde und der Himmel, wo Regen und Wind, wo Sonne und Wolken noch zu den Menschen sprechen – wenn man zuhört und sich müht, sie zu verstehen. Dazu muss man ganz still sein. Manchmal muss man dem Regen sein Gesicht hinhalten, damit er es wäscht, und dem Wind, damit er es trocknet. Und dem Himmel muss man seine Augen schenken, damit er sich in ihnen spiegeln kann, und den Wolken die Trauer des Herzens, wenn die Stunde des Abschieds naht.

Es kann sein, dass dieses Land auch zu dir redet mit seinen Farben und seinem Licht, mit seinem Regenbogen und seinen Sonnenuntergängen, die nicht von dieser Welt sind. Und dieses Land wird vielleicht nicht eher Ruhe geben, bis auch du es annimmst als den dritten Erbteil des alten Königs, der seinem Sohn einen Ankerplatz für seine Sehnsucht und seine Träume versprochen hatte ...

Denn die Insel der Seele ist an himmlischen Schätzen so reich, wie sie reicher nicht sein kann.

3

DER BLUMENTEPPICH

Zwei Mönche lebten im Tal des Himalaja. Jeder bewohnte eine eigene Hütte und widmete sich seinen frommen Übungen. Sie lasen die Veden, die heiligen Schriften, schwiegen allezeit und sprachen nicht miteinander, denn keiner besuchte den anderen. Aber viele andere

Menschen besuchten diese Mönche und staunten über ihren strengen Lebensstil und ihre Heiligkeit.

Eines Tages kam Gott zu einem von ihnen und fragte ihn nach dem Weg, der zu dem anderen führte. Den Weg zum anderen wisse er nicht, sagte dieser. Da ging Gott traurig zum Himmel zurück.

Nach Jahren starben diese heiligen Mönche, und ihre Hütten blieben verwaist.

Eines Tages zogen zwei Ureinwohner in die beiden Hütten ein. Sie machten einen Weg, um die Hütten zu verbinden und sich täglich besuchen zu können.

Gott kam wieder herab und sah zu seinem Erstaunen einen Weg zwischen den beiden Hütten. Voll Freude wandelte er von einer Hütte zur anderen. Und als er weggegangen war, wuchs ein herrlicher Blumenteppich auf den Spuren seiner Schritte.

4

DAS GOLDENE FENSTER

Es war einmal ein kleiner Junge, der lebte in einer Hütte auf einem grünen Hügel. Er war glücklich. Und doch fehlte ihm etwas zu seinem Glück, denn da gab es etwas, das er sich mehr als alles auf der Welt wünschte: Jeden Tag gegen Abend, wenn die Sonne allmählich sank, saß er auf der Schwelle, stützte sein Kinn in die Hand und starrte über das weite Tal hinüber zu einem Haus, das goldene Fenster hatte. Wie Diamanten leuchteten sie! Es war ein wunderbarer Anblick, und er konnte sich nicht sattsehen und er wünschte sich sehnlichst, dass er einmal in einem solch schönen Haus wohnen könnte.

Tag für Tag, Jahr für Jahr faszinierte ihn das Haus mit den goldenen Fenstern, und als er schließlich alt genug war; um in die Schule zu gehen, beschloss er, das Haus seiner Träume endlich kennenzulernen.

An einem Nachmittag im Sommer machte er sich auf den Weg. Aber er brauchte länger, als er gedacht hatte, und als er schließlich ankam, war die Sonne bereits untergegangen. Er erlebte eine schreckliche Enttäuschung: Das Haus hatte gar keine goldenen Fenster, ja es war nichts anderes als eine einfache Hütte mit ganz gewöhnlichen Fenstern.

In der Hütte lebte ein Mann mit seiner Frau, und da es schon zu spät für den Rückweg war, behielten sie den kleinen Jungen über Nacht bei sich.

Wie groß aber war seine Überraschung, als er am frühen Morgen erwachte und aus dem Fenster schaute: Fern über dem Tal stand ein anderes Haus mit goldenen Fenstern, und jedes einzelne Fenster blinkte und blitzte so herrlich, wie er es nie zuvor gesehen hatte. Voller Erwartung lief er darauf zu. Da erkannte er es: Es waren die Fenster des Hauses, in dem er wohnte.

5
LICHT IST UNAUSLÖSCHBAR

Ich war eingeschlafen und träumte von einem kleinen Licht, das jemand hingestellt hatte. Einer, der vorüberging, meinte zu der winzigen Flamme: »Hast du keine Angst? Siehst du nicht, was dich bedroht?«

Dann sah ich sie, die schauerliche Finsternis. Überall in der Welt kauerte sie verbissen, trotzig und freudlos. Sie ging zähneknirschend und wütend gegen das kleine Licht an.

Das aber lachte und sagte: »Warum soll ich Angst haben? Ich leuchte nicht, um gesehen zu werden; nein, es macht mir Freude, Licht zu verbreiten. Und ich weiß: Die ganze Finsternis der Welt kann mich nicht löschen!«

6

JEDER BRAUCHT EINEN GEGEN DIE ANGST

Es ist Nacht. Ich habe Angst. Ich habe geträumt: Da kommt ein großer Sturm! Ich kann den Wind hören. Ich sehe die weißen Wellen. Sie kommen auf mich zu. Sie sind so hoch wie ein Haus. Ich sitze in einem Boot. Die Wellen sind viel größer. Sie kommen in mein Boot. Der Wind schüttelt mein Boot. Ich kann mich nicht mehr festhalten. Die Wellen sind stärker. Der Wind ist stärker. Ich habe große Angst. Da bin ich aufgewacht. Es ist Nacht. Ich rufe nach meinem Vater. Er schläft. Ich komme aus meinem Bett. Ich gehe zu ihm hin. Ich wecke meinen Vater auf. Ich erzähle ihm den Traum und dass ich Angst habe.

Er legt seinen Arm um mich. Ich bin ganz nahe bei ihm. Er sagt: »Es ist gut, dass du gekommen bist. Jetzt können wir miteinander sprechen. Du kannst mir alles erzählen. Dann ist die Angst nicht mehr so schlimm.«

Er sagt: »Jeder hat Angst. Nicht nur im Traum. Ich habe auch Angst.«

Ich frage meinen Vater: »Was machst du, wenn du Angst hast?«

Er sagt: »Ich spreche mit einem Freund. Der lacht nicht. Der hat mich gern. Der versteht mich.«

Ich frage meinen Vater: »Ist die Angst dann weg?«

Er sagt: »Nein. Die Angst ist nie ganz weg. Aber sie ist dann nicht mehr so schlimm. Wer einen Freund hat, der ist gut dran. Der ist nicht allein. Der kann sagen: Hilf mir, ich habe Angst.«

Ich frage meinen Vater: »Und wer keinen Freund hat? Was macht der?«

Er sagt: »Der ist mit seiner Angst allein. Das ist schwer. Der kann mit niemand darüber sprechen. Jeder braucht einen Menschen, der ihn gern mag, der ihn lieb hat, der ihm hilft, der mit ihm spricht, der ihm eine Freude macht.« Mein Vater sagt: »Jetzt schlaf wieder ein. Du brauchst keine Angst mehr zu haben.«

7

ES GIBT NUR SAMEN IM LADEN GOTTES

Im Traum trat ich in den Laden Gottes ein und sah einen Engel hinter dem Verkaufstresen. Verwundert und überrascht fragte ich: »Lieber Engel, was verkaufst du?«

»Das hier sind alles Gaben Gottes«, antwortete er mir.

»Sind sie teuer?«

»Nein, es ist alles kostenlos!«

Ich sah mich aufmerksam im Laden um. Es gab: Krüge voll *Glück*, Päckchen mit *Hoffnung*, Körbe, die von *Zufriedenheit* überquollen, Schachteln, gefüllt mit *Hinweisen* und *Weisheiten*, Tüten mit *Vertrauen*.

Mut fassend, bat ich: »Ach bitte, ich möchte gerne ein Glas mit Glauben; Krüge mit Glück und Körbe mit Frieden für mich und meine Familie, meine Nachbarn und Freunde; reichlich Dankbarkeit auch, Vergebung und eine große Liebe zu allem.«

Liebevoll bereitete der Engel des Herrn eine kleine Packung, die leicht in meiner Hand Platz hatte.

Überrascht sagte ich: »Hast du alles, um das ich dich bat, in dieses winzige Päckchen getan?«

Lächelnd antwortete der Engel: »Mein lieber Mensch, im Laden Gottes verkaufen wir keine Früchte, es gibt nur den Samen. Gott legt ihn dir in die Hand und nicht in den Schoß.«

8
DER TRAUM DES KLEINEN WEIZENKORNS

Schaut mich an, das kleine Weizenkorn. In mir steckt eine wahnsinnige Kraft! Wenn ich in die Erde gelegt werde, explodiere ich! Aus mir wird ein Wolkenkratzer mit sechzig, siebzig, ja achtzig Wohnungen! Durch meine Zauberkraft wachsen darin meine Kinder heran. Und wenn sie erwachsen auf die Erde fallen, entwickeln sie sich zu neuen Türmen. Das müsst ihr euch mal vorstellen: Wenn dem Kölner Dom ein Stein aus der Spitze fiele und dann gleich nebenan ein neuer Kölner Dom heranwüchse. Unvorstellbar! Alle Reporter der Erde kämen herbeigeeilt. Bei mir funktioniert es. In meinen Kindern wachsen neue Wolkenkratzer heran!

Aber vielleicht ist mein Lebenssinn, dass ich zermahlen werde. Ich träume davon, mit anderen zusammen von kräftigen Händen geknetet zu werden. Etwas Hefe und Salz darunter kitzelt uns in der Nase, lässt kleine Bläschen entstehen. Ihr Platzen ist unser Lachen – in der Freude über unsere Kraft.

O weh, der heiße Ofen ist eine harte Probe. Die Hitze verschlägt meinen Atem, geht durch und durch. Alles brennt in mir, *ver*brennt mich aber nicht! Und dann, nach der Todesangst: Ich darf beitragen zu einem Brot. Hm, wie es duftet. Und wie ich schmecke! Zerteilt mache ich viele glücklich. Für manche bedeute ich ein Stück Himmel. Davon habe ich doch geträumt, meine Kraft weiterzugeben!

9

VOM LÖWENZAHN, DER FLIEGEN WOLLTE

Ein Löwenzahn auf einer schönen Frühlingswiese kommt ins Gespräch mit einem herrlichen Schmetterling, der stolz darauf ist, fliegen zu können; kein Stängel und keine Wurzel halten ihn fest. Ähnliches berichten auch Hummel und Libelle, die ihre Freiheit genießen. Und jedes Mal spürt der Löwenzahn die Sehnsucht, auch in die große Welt zu fliegen.

Eines Nachts im Traum streichelt eine Fee mit zarter Hand über seine Blütensonne und verwandelt jedes Blättchen in ein luftiges Schirmchen. Am Morgen genießt er die Veränderung und lässt sich vom Wind in die Welt tragen. Ach, ist das toll, die Welt von oben zu sehen: Wie klein die Menschen wirken. Wie herrlich schön, über Abgründe, Seen und Berge getragen zu werden. Ein Spielball im Wind, mit Purzelbäumen und Steilflug, mit Fangen und Loslassen ... – bis er gegen einen harten Fels prallt.

Bald müde, kalt und durstig sehnt er sich nach einer Wurzel. Schließlich hat ein Windhauch Erbarmen und steckt das Samenkorn in die Erde. Es fühlt, wie etwas in ihm zerspringt: Aus dem Schmerz wächst eine neue Wurzel, die einen Stängel mit einer Knospe möglich macht.

Da weiß der Löwenzahn, dass er ohne Wurzel nicht leben kann.

10
DIE KUNST DES HÖRENS

Auf einer Insel gab es einmal einen Tempel mit tausend Glocken; große und kleine, geschaffen von einem der begnadetsten Handwerker der Welt. Wenn der Wind sie berührte oder ein Sturm sie schüttelte, ließen die Glocken eine Symphonie erklingen, die das Herz dessen, der sie hörte, in Ekstase versetzte.

Jahrhunderte vergingen. Irgendwann versank die Insel im Ozean – und mit ihr versanken die Tempelglocken. Eine Legende aber berichtet, dass die Glocken immer noch unaufhörlich läuten. Und ein jeder, der genau hinhört, kann sie vernehmen.

Ein junger Mann glaubte der Legende und machte sich auf den Weg – tausende von Meilen, um diese Glocken zu hören. Viele Tage lang saß er an dem Ufer, das einmal die versunkene Insel gesehen hatte, und hörte mit seiner ganzen Entschlossenheit hin. Aber in seine Ohren drang nur das Tosen des Meeres. Angestrengt versuchte er es zu ignorieren, es half nichts. Das Tosen schien die Welt zu überfluten. Wochenlang blieb er seinem Vorhaben treu. Jedes Mal, wenn er den Mut verlieren wollte, ging er zu den weisen Männern des Dorfes und hörte, wie sie mit Ehrfurcht die geheimnisvolle Legende von den Tempelglocken erzählten. Sein Herz entflammte dabei immer wieder neu – um ebenso wieder enttäuscht zu werden. Sein Mühen zeigte keinen Erfolg. Irgendwann entschloss er sich aufzugeben. Vielleicht war es nicht seine Bestimmung, die Glocken zu hören. Vielleicht war die Legende auch gar nicht wahr.

So ging er vor seiner Abreise noch einmal an den Strand, um sich vom Meer und vom Himmel, vom Wind und den Kokospalmen zu verabschieden. Er legte sich in den Sand und lauschte zum ersten Mal einfach nur dem Tosen des Meeres und begann dabei zu träumen. Bald verlor er sich so sehr in das Geräusch, dass er sich seiner selbst kaum noch bewusst war. So tief war das Schweigen, das sich in der Mitte des Tosens ausbreitete.

Und in diesem Schweigen hörte er es! Das Klingeln einer winzigen Glocke, gefolgt von einer anderen, und wieder einer und noch einer ... bis eine jede der tausend Glocken in jene unbeschreibliche Harmonie einstimmte, die sein Herz in selige Ekstase hob.

11

DIE STIMME GOTTES

Ein junger Mann wollte einmal die Stimme Gottes hören. Er ging los und wartete darauf, dass Gott zu ihm sprechen würde. Gott aber schien nicht zu ihm sprechen zu wollen. Er hörte ihn nirgendwo. Immer kamen andere Stimmen zu ihm, sie waren zwischen ihm und der Stimme, die er suchte.

Der junge Mann nahm die Bibel zur Hand. »Jetzt wird Gott durch Jesus zu mir sprechen«, meinte er. Und er las einmal da und einmal dort. Zwischendurch beschäftigte er sich mit verschiedenen Dingen. Seine Gedanken wanderten von ihm fort, wie eifrige Ameisen krabbelten sie dahin. Die Nachrichten kamen aus dem Radio, und über den Fernsehschirm hüpfte allerlei belangloser Unsinn. Die Geschichten der Bibel aber wurden nicht lebendig. Jesus sprach nicht zu ihm.

Der junge Mann versuchte zu beten. »Gott wird mich hören und endlich etwas sagen«, meinte er. Jedoch er konnte sich nicht auf sein Gebet konzentrieren. Auch nicht, als er zum Beten in die Kirche ging. Die Mauern der Kirche konnten die Geräusche der Stadt nicht recht abhalten. Im Hintergrund hörte er die Autos brummen und hupen, die Straßenbahn über die Schienen der Kurve kreischen und ein Flugzeug über die Stadt hinwegdonnern. Er dachte an die Menschen im Flugzeug, die verschiedenen Automarken gingen ihm durch den Kopf. Zuletzt betete nur noch sein Mund, seine Lippen formten lautlos irgendwelche Worte, er wusste gar nicht mehr, was er betete. Und Gott schwieg.

»Wie soll ich Gott erreichen, wenn er sich immer versteckt? Er spricht sowieso nicht, ich gebe es auf!« Von da an kümmerte er sich nur um das, was ihn gerade interessierte, was ihm Spaß machte. Tief im Inneren aber war er nicht zufrieden.

Eines Tages – der junge Mann verbrachte seinen Urlaub im Gebirge – unternahm er ganz allein eine Wanderung. Durch dichten Wald, einen Bach entlang kam er zu einem Hang mit vielen rot blühenden Alpenrosen. Über Almen erreichte er die einsamen Geröllfelder unterhalb der Felswände.

Der junge Mann setzte sich auf einen Stein. Er war ganz allein mit sich, spürte sein Herzklopfen und horchte auf Geräusche, die nicht kamen.

Da auf einmal hörte er Gottes Stimme – nicht mit den Ohren. Er spürte sie vielmehr und hörte doch zu und wusste auf einmal, warum Gott bisher für ihn stumm geblieben war: Er hatte ihn überhört, weil er auf so vieles andere hörte.

DAS SCHÖNSTE LIED

Es war einmal ein König. Der König hatte einen Traum. Er sah einen Baum, und auf dem Baum saß ein Vogel und sang ein Lied.

Am andern Tag ließ der König den Vogelfänger kommen. Er sagte zu ihm: »Ich hatte einen Traum. Ich sah einen Baum und auf dem Baum saß ein Vogel und sang ein Lied. Geh und fange mir den Vogel!«

»Jawohl, Herr König!«, sagte der Vogelfänger, »was für ein Vogel ist es?«

Doch der König wusste es nicht.

»Geh und such ihn!«, befahl er. »Ich gebe dir drei Tage Zeit.«

Der Vogelfänger erschrak; denn er fürchtete sich vor dem Zorn des Königs.

Er nahm seine Flöte und sein Netz und ging in den Garten. Er versteckte sich hinter einer Mauer und spielte das Lied der Amsel. Und als die Amsel aus ihrem Nest kam, fing er sie mit dem Netz, sperrte sie in einen Käfig und brachte sie dem König. »Nein«, sagte der König, »das ist nicht der Richtige!«

Am dritten Tag nahm der Vogelfänger seine Flöte und sein Netz und ging in den Park. Er versteckte sich hinter einem Brunnen und spielte das Lied der Nachtigall. Und als die Nachtigall aus ihrem Nest kam, fing er sie mit dem Netz, sperrte sie in den Käfig und brachte sie dem König. »Nein«, sagte der König, »das ist nicht der Richtige!«

Da wusste der Vogelfänger kein Vogellied mehr. Er ging vor das Schloss und versteckte sich nicht. Er nahm seine Flöte und spielte sein eigenes Lied. »Es ist zum letzten Mal«, dachte er, »denn der König wird mich ins Gefängnis werfen und mir die Flöte wegnehmen.« Er spielte so schön wie nie zuvor.

Der König, der beim Frühstück saß, legte Gabel und Messer weg. »Das ist das Lied«, rief er, »das ist das Lied, das ich im Traum gehört habe!«

Er ließ den Vogelfänger sogleich zu sich rufen.

»Wo ist der Vogel?«, fragte er.

»Das ist kein Vogel«, sagte der Vogelfänger, »das ist mein eigenes Lied.«

»Dein eigenes Lied?«, fragte der König und staunte.

Er wollte es noch einmal hören.

Nachher aber schenkte er allen Vögeln und natürlich auch dem Vogelfänger die Freiheit wieder. Vor Freude feierte er ein Fest.

DIE KLEINE MELODIE

Es war einmal eine kleine Melodie, die war im Herzen eines jungen Mannes entstanden. Sie war so zart und fein wie Silberfiligran, so unbeschwert wie das Himmelsblau am ersten Frühlingstag. Rein war sie und silberhell wie der munter dahineilende Forellenbach. Der junge Mann freute sich über seine kleine Melodie. Er fand sie so schön, dass er sie im Traum Gott schenken wollte.

Gott lächelte, als er sie hörte. »Mein Sohn, deine Melodie ist so wunderschön, dass ich dir helfen will, damit sie vollkommen werde.« Und er schenkte ihm die Liebe.

Da wandelte sich die Melodie im Herzen des jungen Mannes. Sie behielt ihre Fröhlichkeit, aber sie wurde tief und innig. Und wieder ging der junge Mann zu Gott und legte ihm sein kleines Werk zu Füßen. Zustimmend nickte Gott, aber er war noch nicht ganz zufrieden. Er schickte ihn wiederum unter die Menschen und schenkte ihm diesmal das Leid.

Da reifte er zum Mann. Er kämpfte und überwand das Leid und wuchs über sich selbst hinaus. Die kleine Melodie aber lebte weiter in seinem Herzen und reifte mit ihm. Vor dem Hintergrund einer leisen Schwermut schien nun ihre Fröhlichkeit noch beschwingter und ihre Zartheit noch köstlicher als vorher.

Still trat nun der Mann vor Gott: »Herr, nimm meine kleine Melodie in Gnaden an, ich habe mein Herzblut hineinverströmt, ich habe nichts Besseres mehr zu geben.« Gütig lächelte Gott: »Ich habe noch ein Geschenk für dich bereit, das letzte und schwerste.« Und er schenkte ihm die Einsamkeit.

Da schwiegen um ihn die Stimmen dieser Welt. Und die Melodie machte noch einmal eine Wandlung durch, wurde vergeistigt durch die Bitterkeit und die Gnade der Einsamkeit, die der Greis erfuhr.

Da nahm Gott die Melodie und sprach: »Nun ist sie vollkommen.«

Und er schenkte sie den Menschen. Und jeder, der sie hörte, war tief beglückt.

14

DIE GESCHICHTE VON DER GRILLE UND DEM MAULWURF

Eine Grille hatte den ganzen Sommer über nichts anderes getan, als auf ihrer Geige gefiedelt, weil ihr das so gut gefiel. Und als dann der Winter kam, hatte sie nichts zu essen, denn sie hatte das Feld nicht bestellt, also auch keine Ernte. Sie hatte keine Vorräte gesammelt. Hatte auch kein Winterhaus gebaut, mit Ofen.

Da ging sie zum Hirschkäfer. Der Hirschkäfer war der Oberförster vom Moosgestrüpp. Ein Oberförster muss zu den anderen Tieren gut sein und ihnen in der Not helfen.

»Könnte ich bei Ihnen vorübergehend kostenlos wohnen?«, fragte die Grille, »nur für einen Winter, denn ich habe vergessen ...«

»Oh, vergessen«, sagte der Hirschkäfer, »vergessen! Ja, ja, das kennen wir. Erst den ganzen Sommer nutzlos rumfiedeln und dann auf anderer Leute Kosten leben. Nein, nein, Mariechen, geht nicht!«

Da ging die Grille mit ihrer kleinen Geige weiter und kam zu der Maus. Die Maus wohnte in einer verbeulten Gießkanne. Die Maus hatte so viele Vorräte für den Winter gesammelt, dass diese für drei Winter gereicht hätten. Und zwar für zwei Personen.

»Nur vorübergehend«, sagte die Grille. »Für einen Winter nur, wenn Sie das gestatten würden. Ich habe nämlich vergessen ...«

»Oh, vergessen«, sagte die Maus, »vergessen! Ja, ja, das kennt man. Den ganzen Sommer lang herumfiedeln und nicht arbeiten und dann auf anderer Leute Kosten leben wollen. Nein, nein, Mariechen, da wird leider nichts draus.«

Da ging die Grille mit ihrer kleinen Geige weiter und kam zum alten Maulwurf, der in einer Kellerwohnung wohnte. Mit Ofen.

»Oh, Besuch«, rief der alte Maulwurf. »Kommen Sie doch bitte mal näher. Kann nämlich nicht gut sehen, bin etwas kurzsichtig auf den Augen, weil ich blind bin. Kommt von der schwarzen Erde unter der Erde, wo ich arbeite. Macht nix.«

Als er die Grille erkannte, freute er sich, denn er hatte im Sommer oft ihrem Gefiedel gelauscht. Wer schlecht sieht, der hört gern zu, wenn einer Musik spielt. »Spiel doch mal was auf der Geige, du!«, sagte der Maulwurf.

Und die Grille fiedelte und geigte, und der Ofen bollerte. Im Topf roch die Suppe, und so verging ihnen der Winter wie ein Tag.

War ein schöner Winter für die beiden, wohl der schönste ihres Lebens.

Unter den vielen, vielen Tieren der Schöpfung lebte eine kleine Maus mit einer ganz, ganz großen Seele. Eine Seele zu haben, war ja der Wille des Schöpfers. Aber gleich eine so große?!

Manchmal meinte die kleine Maus, sie wäre ein einziges Ohr. Kann man sich vorstellen, nur Ohr zu sein?

Alles zu hören, selbst die feinsten Klageschreie der gejagten Kreatur?

Immer wenn sie so ganz Ohr war, wünschte sich die Maus einen Berg von Watte, um nichts mehr hören zu müssen. Denn was sie hörte, machte ihr Angst, schreckliche, peinigende Angst, so dass sie sich selber vorkam, als sei sie von tausend Katzen umstellt.

Manchmal meinte die kleine Maus, sie wäre ein einziges Auge. Kann man sich vorstellen, nur Auge zu sein?

Alles zu sehen, selbst die unscheinbarsten Wunden der geplagten Kreatur?

Immer wenn sie so ganz Auge war, wünschte sich die Maus einen Berg von Tüchern, um nichts mehr sehen zu müssen. Denn was sie sah, machte ihr Angst, schreckliche, peinigende Angst, so dass sie sich vorkam, als steckte sie in einer grässlichen Falle.

Manchmal meinte die kleine Maus, sie wäre eine einzige Nase. Kann man sich vorstellen, nur Nase zu sein?

Alles zu riechen, was zum Himmel stinkt in der Welt der verzagten Kreatur?

Immer wenn sie ganz Nase war, wünschte sich die Maus ein Fass voll Parfüm, um nichts riechen zu müssen. Denn was sie roch, machte ihr Angst, schreckliche, peinigende Angst, so dass sie sich vorkam, als säße sie mitten im Speck voller Gift.

In ihrer Not ging die kleine Maus im Traum zum Schöpfer.

»Lieber Herr«, sagte sie, »ich möchte keine große Seele. Ich habe zu viel Angst und kann bald nicht mehr leben.« Gütig antwortete ihr der Vater des Lebens: »Sag mir, ist es die Wirklichkeit, die du hörst, siehst und riechst?«

»Ja«, antwortete die kleine Maus mit der großen Seele.

»Nein«, sagte der Herr geduldig. »Es ist nicht die Wirklichkeit, es ist die Fratze der Wirklichkeit. Ich verstehe, dass du Angst hast. Aber ich brauche deine große Seele, damit das wirkliche Leben zum Vorschein kommen kann. Ich will dir helfen, dass aus dem Hören das Begreifen, aus dem Sehen das Erkennen und aus dem Riechen das Empfinden für meine Wahrheit wird.«

Glücklich ging die kleine Maus mit der großen Seele nach Hause, wusste sie doch nun, dass sie wichtig war und nicht allein und voller Kraft.

16
DIE MITTE LIEGT IN DIR

Es träumte ein Kind, es solle sich auf den Weg machen und die Mitte der Welt suchen. Da sagte es Vater und Mutter Lebewohl und zog in die Ferne. Nachdem es eine Weile gegangen war und in eine fremde Landschaft kam, fragte es einen Bauern nach dem Weg zur Mitte der Welt. »Da musst du immer geradeaus gehen!«, sagte dieser.

Also ging das Kind einen geraden Weg und ließ sich durch nichts beirren. »Da musst du über das große Wasser hinweg!«, sagte ihm ein Fischer, als es schließlich ans Meer kam. Das Kind dachte, dass es eher an den Rand der Welt als in deren Mitte gekommen sei, und zweifelte an seinem Weg. Es gab aber nicht auf, sondern suchte ein Schiff, mit dem es übersetzen konnte. »Da musst du durch die Wüste hindurch!«, sagte auf der anderen Seite des Meeres ein Derwisch. Aber die Wüste war tief und heiß.

Das Kind ging einige Tagereisen weit, dann traf es eine Karawane. »Wo geht es weiter zur Mitte der Welt?«, fragte das Kind. »Es gibt keine Mitte«, sagten die Kameltreiber, »wo immer du bist, bist du draußen.«

Das Kind ließ sich nicht beirren und ging weiter in die Wüste hinein. Schließlich begegnete es einem Einsiedler. »Wo geht es weiter zur Mitte der Welt?«, fragte das Kind. »Die Mitte der Welt ist nicht hier und nicht da, sie ist überall.«

»Eine Mitte kann nicht überall sein«, antwortete das Kind und zog seines Weges weiter. Nun begegnete es keinem Menschen mehr. Endlos weit dehnte sich der Sand, der Himmel spannte sich flimmernd darüber, unbarmherzig brannte die Sonne, nirgendwo war ein Richtpunkt als nur das Kind selbst inmitten der Einsamkeit. Da hielt es inne und dachte: Es lohnt sich nicht weiterzugehen; ob ich mich nun vor oder zurück, nach links oder nach rechts bewege, immer bin ich die Mitte der Wüste.

Da ging das Kind zurück. Es wusste: Die Mitte liegt *in mir*. Überall kann ich die Mitte der Welt finden.

DER TRAUM VON DER GLASKUGEL

Ein Kind war im Traum unterwegs. Seltsame Landschaften glitten vorüber. Manchmal schien die Gegend vertrauter, dann wieder völlig fremd, so dass das Kind bald mehr und mehr von dem Gedanken geängstigt wurde, es könnte sich verirrt haben. Als es schließlich verwirrt und verzweifelt stehen blieb, weil es nicht mehr wusste, welche Richtung es einschlagen sollte, begegnete ihm plötzlich ein uralter Mann mit schneeweißem Haar. Aus seinem jugendlichen Gesicht, das in merkwürdigem Gegensatz zu seinem Alter stand, blickten zwei kluge und gütige Augen. Er fragte: »Warum hast du solche Angst? Was bedrückt dich?«

Da erzählte ihm das Kind von seiner Not und fragte ihn, ob er ihm helfen könne, den rechten Weg zu finden. »Um dir den rechten Weg zeigen zu können«, sagte er, »musst du mir etwas mehr von dir erzählen; dazu muss ich dich besser kennenlernen. Sage mir also, was du bisher schon getan hast.«

Und merkwürdig, wie von selbst ergab es sich, dass es anfing, aus seinem Leben zu erzählen: von seinem Bemühen, alles richtig zu machen; von seinem großen Eifer bei der Arbeit und von seiner großen Verzweiflung darüber, dass trotz alledem die Fehlschläge und Enttäuschungen immer zahlreicher würden. »Ich habe keine Zeit mit unnützem Spielen verloren«, sagte das Kind, »und ich habe so manchen Nachmittag einsam über meinen Schularbeiten gesessen, während sich die Kameraden beim Baden oder Ballspielen vergnügten.«

»Schön«, antwortete der Alte, »schön, und sonst? Hast du sonst nichts getan?«

Das Kind zögerte, denn es fiel ihm nicht leicht, davon zu erzählen, dass es hin und wieder der Versuchung erlegen war, mit einer wunderschönen Glaskugel zu spielen, die das Licht einfing und – in tausend und abertausend bunte Strahlen gebrochen – wieder zurückwarf. Endlich begann es, stockend davon zu reden, und sagte schließlich: »Immer, wenn ich diese Kugel in der Hand hielt und beim Spiel in das funkelnde Licht blickte, dann vergaß ich mich selbst, dann fühlte ich mich endlich leicht.«

»Nun sage mir«, bekam es zur Antwort, »von allen Dingen, die du bisher getan hast, wobei empfandest du am meisten Freude?«

Beim Spielen mit der Glaskugel, schoss es ihm durch den Kopf. Ganz beschämt berichtete es darüber dem Alten und hielt dabei die Augen gesenkt, denn es wagte nicht, aus Angst vor seinem Urteil, ihn anzublicken.

Der aber sagte: »Das waren deine besten Augenblicke. Was es auch sein mag, ob es die Wolken am Himmel sind oder die Wellen im See, die bunten Steine am Fluss oder der Schmetterling, der über die Blumenwiese gaukelt, immer, wenn du dich ihnen so zuwendest wie deiner Glaskugel und dich selbst darüber ganz vergisst, wirst du völlig eins mit dir. Dann bist du auf dem rechten Weg.«

DIE ZWEI GÄRTEN

Ein Mann kam in ein Dorf, in dem, wie überall erzählt wurde, wunderschöne Gärten waren, große und kleine, vornehme und einfache. Der Mann, mit seinem eigenen Garten nicht mehr zufrieden, wollte sich in diesen Gärten einmal umsehen. Vielleicht, so dachte er, kann ich dieses und jenes dann in meinem Garten verändern.

Am Eingang des Dorfes saß ein sehr alter Mann, der verständig und weise aussah. Ihn fragte er, wie er es anstellen müsse, einen der Gärten zu besehen, um derentwillen das Dorf so berühmt sei. Der alte Mann winkte einen seiner Söhne herbei, und dieser führte ihn in einen großen Garten.

»Die Gartenpforte muss erneuert werden«, sagte der Sohn, als sie den Garten betraten, und zeigte auf einige unschöne, schadhafte Stellen. »Und die Wege sind reichlich ausgetreten und müssten eingeebnet werden.« Vor einem Rosenstrauch blieb er nachdenklich stehen: »Seht Ihr die Blattläuse? Er wird kaum überleben. Und das Gewächs dort hinten an der Mauer, es wird wohl auch eingehen. Die Wurzeln sind befallen und nehmen das Wasser nicht mehr auf. Wir können gießen, so viel wir wollen, es hilft nicht mehr.«

Der Sohn zeigte ihm noch manches, was nicht in Ordnung war. Es schien ein kranker Garten zu sein, und der Mann überlegte, warum man ihn gerade in diesen Garten geführt hatte. Enttäuscht berichtete er dem Alten vom schlechten Zustand des Gartens und fragte ihn, ob er nicht einen anderen sehen könnte. Der weise Alte winkte einen anderen seiner Söhne herbei. Dieser führte den Mann in einen Garten, der ihm wohl gefiel.

»Seht hier, diese Kletterrose«, sagte der Sohn und zeigte auf den Bogen über der Gartenpforte. »Sie blüht das ganze Jahr. Es gibt keine andere Kletterrose im ganzen Dorf, die so viele Blüten treibt. Und dort, der Mandarinenbaum. Er trägt die süßesten Früchte.« Er gab dem Mann eine reife Frucht von köstlichem Aroma, die ihm wohl schmeckte. »Dieses Beet haben wir neu angelegt. Vor einigen Tagen haben wir die Samen in die Erde getan. Es werden Blumen wachsen, große, weiße, mit starkem Duft, ähnlich wie die blauen dort an der Mauer. Die ersten Sprossen kommen schon. Sehr Ihr sie? Und dort ist unser Brunnen. Schaut nur, wie tief er ist. Noch nie hat es uns an Wasser gefehlt.«

So führte dieser Sohn den Mann durch den Garten und zeigte ihm all seine Schönheiten. Begeistert berichtete der Mann dem Alten von allem, was er in diesem Garten gesehen hatte, und bedankte sich.

Der Weise lächelte nur und fragte: »Habt Ihr nicht gemerkt, dass Ihr in ein und demselben Garten gewesen seid?«

19
DIE ZERSPRUNGENEN KUGELN

Als das Leben am Anfang stand, fielen unzählige Kugeln auf die Erde. Bei ihrem Aufprall zersprangen sie in zwei Hälften. Uneben und frei auseinandergeteilt, symbolisieren sie die unterschiedlichen Charaktere zweier Menschen. Doch jede dieser auch noch so verschiedenen Halbkugeln ist für ein Gegenstück bestimmt, so wie auch zwei Menschen füreinander bestimmt sind. Wir alle sind auf der Suche nach unserer anderen Hälfte, eben nach der anderen halben Kugel. Wenn du glaubst, du hast sie gefunden, deine andere Hälfte, dann wirst du feststellen, dass die beiden halben Kugeln oft nur an einer einzigen kleinen Stelle zueinander passen, was du durch sorgfältiges Drehen und Probieren herausfinden kannst. Es ist ganz natürlich, dass es am Anfang hakt und hängen bleibt. Aber genau das macht Sinn – denn: Nicht alles kann von vornherein passen und übereinstimmen.

Nun müssen beide an ihrer halben Kugel arbeiten, schleifen und feilen. Nur langsam und in kleinen Schritten ebnet sich dieser kantige Bruch durch das Geben und Nehmen in der Liebe. Nach einiger Zeit, wenn sich beide Hälften abgeschliffen haben, lassen sie sich fast reibungslos zu einer Kugel formen. Aber eben nur fast, genau passen – wie am Anfang unserer Zeit – darf es nie, sonst verliert man seine Persönlichkeit und das, was diesen Menschen an deiner Seite ausmacht.

Jedoch eines vergiss nie: Du sollst nicht an der anderen, sondern stets an deiner *eigenen* Hälfte feilen.

20
KREISLAUF DES GUTEN

Marie schlug die Augen auf und wusste gleich: Dieser Tag wird prima. In der Schule hatte sie heute nur drei Stunden Unterricht, nachmittags war Ballett, und ihr Geburtstag war nicht mehr weit. Was brauchte Marie mehr zum Glücklichsein? Pfeifend sprang sie aus dem Bett, noch bevor der Wecker schrillte, und hopste ins Bad.

»Du hast aber gute Laune heute früh, du strahlst ja richtig«, sagte ihre Mutter. Maries großer Bruder pikte der Kleinen freundschaftlich den Finger in die Rippen, doch sie kicherte nur. »Wenn nicht mal ich dich heute ärgern kann«, sagte er und grinste.

Auf dem Schulweg sprang Marie noch schnell in die Bäckerei. Der Bäcker hatte gerade mit seiner Frau gestritten und machte ein verkniffenes Gesicht, doch bei Maries fröhlichem »Guten Morgen!« hellte sich seine Miene auf. Während er ihr Schoko-Brötchen in eine Tüte packte, plauderte sie noch ein bisschen mit ihm.

»Es gibt doch noch nette Kinder«, dachte der Bäcker, und seine Laune besserte sich so weit, dass er seine Frau anlächelte und sie ihm sogleich erleichtert den bösen Streit verzieh.

Die Bäckersfrau lachte den nächsten Kunden so fröhlich an, dass der zu seinen Frühstücksbrötchen gleich noch eine ganze Torte mit Marzipanherzen kaufte, um seiner Freundin eine Freude zu machen.

»Wie aufmerksam von dir!«, strahlte die sodann und gab dem Paketboten, der gleich darauf an der Tür klingelte, ein dickes Trinkgeld.

Das Herz dieses jungen Mannes hüpfte vor Freude, weil ihm genau dieses Geld fehlte, um Blumen für seine Oma zu besorgen, die er heute besuchen wollte. Seinen Geldbeutel hatte er nämlich zu Hause vergessen und sich darüber sehr geärgert. Schwungvoll betrat er den Blumenladen und verliebte sich auf den ersten Blick in die nette Verkäuferin.

Während sie seine Blumen zu einem Strauß band, traute er sich, sie zu fragen, ob sie vielleicht mit ihm ins Kino gehen würde. Ein bisschen errötend sagte sie zu, und als er sich auf den Weg zu seiner Großmutter machte, fühlte er sich wie der glücklichste Mensch auf der ganzen Welt. Und das nur, weil Marie heute Morgen mit so guter Laune aufgewacht war.

21
MEISTERWERKE

Der Leiter des Altenheims war lange Zeit skeptisch, ob es wirklich eine gute Idee gewesen war, die beiden Künstler in *ein* Zimmer zu legen. Noch hegte er die Hoffnung, dass die Interessen der beiden Männer sich ergänzen und so ihre letzten Jahre angenehmer würden.

Beide waren sie Maler, jedoch von sehr unterschiedlichem Temperament. Während der eine Maler mit zahlreichen Ausstellungen weit über die Landesgrenzen bekannt geworden war, hatte der andere sich als Kunstpädagoge sein Brot verdient. Seine Malerei war kaum über die Räume seiner Wohnung hinausgekommen, und er selbst tat sich schwer, auf Menschen zuzugehen. Er war eher der introvertierte, der nachdenkliche Typ, der sich nicht leicht dem anderen öffnete.

Als sich ein jeder von ihnen an die Eigenheiten des anderen gewöhnt hatte, fielen ihnen auch die Gespräche leichter. Stundenlang redeten sie über die Kunst und natürlich über das Leben. Sie spielten Schach, lasen oder hingen schweigend ihren Gedanken nach.

Einmal in der Woche kam die Tochter des Lehrers zu Besuch. Manchmal brachte sie die beiden Enkel mit und dann ging es eine Zeit lang richtig munter zu in dem Altherrenzimmer. Sie brachten Blumen und kleine Geschenke, und der Schwiegersohn stellte ab und zu eine Flasche Rotwein auf den Tisch.

An einem späten Abend saßen die beiden alten Männer alleine in ihrem Zimmer und tranken schweigend den guten Wein.

»Es war immer mein Traum, eines Tages ein großartiges Bild zu malen«, sagte der Lehrer plötzlich in die Stille. »Ich habe mit diesem Bild gelebt, ich konnte es sehen, in allen Einzelheiten, die Leuchtkraft und Struktur des Farbauftrages, die Wirkung des Lichtes – ein Meisterwerk. Aber es war mir nicht vergönnt, es zu malen. Ich schaffte es nicht. Ich habe es geträumt, aber ich habe es nicht geschaffen. Ich habe versagt!«

»Was bist du bloß für ein Idiot!«, schimpfte sein Gefährte. »Hast du denn nicht verstanden, dass jeder Mensch nur ein einziges, wahres Meisterwerk schaffen kann? Das ist *sein Leben*! Alles, was er tut, was er gibt, was er denkt, wie er Erhaltenes verwendet, wie er seine Zeit gestaltet und ihr Farbe gibt, das ist sein Meisterwerk! Und du trauerst einem ungemalten Bilde nach. Dabei hast du wahrscheinlich mehr Menschen die Liebe zur Kunst vermittelt, als dein ach so geniales Meisterwerk es jemals vermocht hätte! Was habe ich denn geschaffen? Kommen etwa meine Bilder zu mir? Bringen sie mir Zuneigung und Lachen, schenken sie mir guten Wein? Nein, jetzt hängen sie in dunklen Museen – genau wie ich.«

Einige Minuten herrschte betroffenes Schweigen. Dann erhob sich der Lehrer aus seinem Sessel, ging zu seinem Gefährten und umarmte mit hilfloser Geste seinen Freund.

Wo aus Träumen Hoffnung wächst

ZUM BAUM WERDEN

Ich hebe eine von unzähligen Eicheln auf, die von der mächtigen Eiche ins Gras purzeln, lege sie auf meine Hand und fange an zu träumen:

Dieser Same weiß, wie er Baum werden soll, wie er Wurzeln schlägt, Blätter entfaltet und Blüten und Früchte sprießen lässt. Und eines Tages fallen wieder Eicheln herab voller geheimer Botschaften.

Dann sehe ich Kinder. Auch in ihnen schlummern unzählige Träume, die darauf warten, keimen zu dürfen, Wurzeln zu schlagen, ans Licht zu gelangen und sich zur Persönlichkeit zu entfalten.

Welche Wunder, welche Kostbarkeiten sind uns in ihnen anvertraut.

Wir dürfen dieser Traumsaat einen Boden zubereiten, der es möglich macht, ihrer inneren Stimme zu lauschen und bald ihre Äste auszubreiten.

Jedes Samenkorn weiß, wie es Baum werden soll.

Eines Morgens stürzte von den Blättern eines Baumes ein besonders großer Tautropfen kopfüber ins Meer. Die vielen Wellen rissen ihn mit sich. Verzweifelt versucht er, sich zu befreien. Jeden Augenblick glaubte er, sich auflösen zu müssen. Da hörte er eine Stimme: »Rasch – komm in mein Haus! Dort bist du sicher!«

Blindlings folgte er dem rettenden Ruf – alsbald schlossen sich hinter ihm die Schalen einer Muschel. Zuerst atmete er dankbar auf. Aber langsam begriff er: »Ich bin hier zwar sicher, aber nicht mehr frei. Vielleicht werde ich nie mehr im Licht der Sonne in allen Regenbogenfarben leuchten!«

Schließlich vertraute er seinen Kummer seiner freundlichen Wirtin an.

Da sagte die weise alte Muschel zu ihm: »Wenn du dich trotzig wider dein Schicksal sperrst, wirst du immer wieder ohnmächtig Schmerz empfinden. Wenn du es aber annimmst und geduldig bist, wird es dir leichter ums Herz sein.« Und geheimnisvoll fügte sie hinzu: »Dann wirst du von innen her immer fester werden. Eines Tages wirst du tausendmal mehr sein, als du warst, ehe du stürztest!«

Der Tautropfen seufzte. Aber er war bereit, diese Lehre zu befolgen, die er nicht ganz verstand. Er lebte von jetzt an still und ohne Klage, ganz in sich gekehrt in seinem Muschelhaus. Und richtig: Er fühlte erstaunt, dass etwas in ihm wuchs und wuchs und ihm viel Kraft gab. Erfreut dachte er: »Lebe wohl, was gestern war – das Heute kann

nicht ewig dauern – vielleicht beginnt einmal mein gro-
ßes Morgen!«

Eines Tages sah er von der spaltbreit geöffneten Muschel
aus etwas wie eine große, weiße Blüte im Wasser treiben.
Es war aber keine Blume, sondern die Hand einer Perlen-
taucherin, welche die Muschel mit vielen anderen vom
Fels pflückte. Bald lagen sie ausgebreitet auf einem Tuch
am Strand, und die geübten Hände der Mädchen brachen
eine nach der anderen vorsichtig auf. Plötzlich rief eine
von ihnen entzückt: »Oh, seht – ich habe eine vollkommen schöne Perle gefunden! Sie sieht aus wie ein Tautropfen und schimmert in allen Regenbogenfarben. Die
ist sicher ein Vermögen wert.«

Alle blickten auf ihre Hand, wo die kostbare Perle wie auf
einem Lotosblatt ruhte. Die Perle, die am Anfang nicht
mehr gewesen war als ein vergänglicher Tropfen Wasser
unter tausend anderen Wassertropfen.

24

DIE BAULEUTE

Ein Baumeister errichtete einen Tempel aus Marmorqua-
dern. Er gab ihm die herrlichste, edelste Gestalt. Er berief
zu seiner Ausschmückung die größten Bildhauer, und als
die Arbeit vollendet war, stand sie da als ein einfaches,
keusches Werk.

In der Nähe des Tempels hatte eine Anzahl von Bauleu-
ten in derselben Zeit einen ganzen Stadtteil errichtet. Er
bestand aus bemalten Fassaden mit allerlei hübschen
Verzierungen aus Ton.

Die Bauleute verspotteten den Baumeister und sagten: »Zu deinem Tempel wallfahrten einige Fromme. In unseren Straßen wimmelt das Volk. Dein Werk war schon überholt während seines Entstehens, dem unseren jedoch gehört die Zukunft.«

»Die *nächste* allerdings«, erwiderte der Baumeister mit großer Vision, »die *ferne* nicht mehr. Von meinem Werk werden nach Jahrtausenden noch die Trümmer erzählen. Das eure zerfällt in Staub.«

25
DER GEFANGENE IM TURM

Ein hoher Beamter fiel bei seinem König in Ungnade. Der König ließ ihn im obersten Raum eines Turms einkerkern. In einer mondhellen Nacht aber stand der Gefangene oben auf der Zinne des Turmes und schaute hinab. Da sah er seine Frau unten stehen. Sie gab ihm Zeichen und berührte die Mauer des Turmes. Gespannt blickte der Mann hinunter, um zu erkennen, was seine Frau hier tat. Aber es war für ihn nicht verständlich und so wartete er geduldig auf das, was da kam.

Die Frau am Fuß des Turmes hatte ein honigliebendes Insekt gefangen; sie bestrich die Fühler des Käfers mit Honig. Dann befestigte sie das Ende eines Seidenfadens am Körper des Käfers und setzte das Tierchen mit dem Kopf nach oben an die Turmmauer, gerade an die Stelle, über die sie hoch oben ihren Mann stehen sah. Der Käfer kroch langsam dem Geruch des Honigs nach, immer nach oben, bis er schließlich dort ankam, wo der gefangene Ehemann stand.

Der gefangene Mann war aufmerksam und lauschte in die Nacht hinein und sein Blick ging nach unten. Da sah er das kleine Tier über die Rampe klettern. Er griff behutsam nach ihm, löste den Seidenfaden, befreite das Insekt und zog den Seidenfaden langsam und vorsichtig zu sich empor.

Der Faden aber wurde immer schwerer, es schien, dass etwas daran hing. Und als der Ehemann den Seidenfaden ganz bei sich hatte, sah er, dass am Ende des turmlangen Fadens ein Zwirnfaden befestigt war.

Der Mann oben zog nun auch diesen Faden zu sich empor. Der Faden wurde immer schwerer, und siehe, an seinem Ende war ein kräftiger Bindfaden festgemacht. Langsam und vorsichtig zog der Mann den Bindfaden zu sich empor. Auch dieser wurde immer schwerer. Und an seinem Ende war dem Mann eine starke Schnur in die Hand gegeben.

Der Mann zog die Schnur zu sich heran, und ihr Gewicht nahm immer mehr zu, und als das Ende in seiner Hand war, sah er, dass hier ein starkes Seil angeknotet war. Das Seil machte der Mann an einer Turmzinne fest. Das Weitere war einfach und selbstverständlich. Der Gefangene ließ sich am Seil hinab und war frei. Er ging mit seiner Frau schweigend in die Nacht hinaus und verließ das Land des ungerechten Königs.

Die Kinder spielten gerne im Garten des Riesen. Da gab es weiches, dichtes Gras; da standen prächtige Bäume und die Vögel sangen so schön. Hier waren sie glücklich. Aber eines Tages kam der Riese mürrisch von einer langen Reise zurück. Mit grober Stimme jagte er die Kinder fort. Er zog eine hohe Mauer um den Garten und hängte das Warnschild auf: Betreten bei Strafe verboten!

Als im nächsten Jahr der Frühling kam, waren wieder überall Blüten zu sehen und die jungen Vögel zwitscherten vergnügt. Nur im Garten des Riesen war noch Winter. Weil keine Kinder da waren, wollten die Vögel nicht singen und die Bäume vergaßen zu blühen. Der Riese wunderte sich. In seinem Garten blies der kalte Nordwind. Frost und Schnee tanzten abwechselnd zwischen den Bäumen.

Aber eines Morgens hörte der Riese eine wunderschöne Musik. Und köstlicher Duft strömte durch das geöffnete Fenster. Er sah hinaus und entdeckte die Kinder, die einfach über die Mauer geklettert waren. Deshalb flogen die Vögel umher; deshalb blühten die Bäume! Und die Blumen schauten lachend aus dem frischen Rasen. Nur in einer Ecke des Gartens war noch Winter. Dort sah er einen kleinen Jungen, der ging weinend um einen Baum herum. Er war noch zu klein, um hochklettern zu können.

Jetzt verstand der Riese, warum es in seinem Garten nicht Frühling werden konnte. Er öffnete leise die Haustür und trat in den Garten. Sofort rannten die Kinder voller Angst davon. Augenblicklich wurde es wieder Winter. Nur der kleine Junge lief nicht fort. Er konnte den Riesen nicht sehen, weil seine Augen mit Tränen gefüllt waren. Der Riese nahm ihn sanft in seine Hand. Er setzte ihn in den Baum. Sofort erstrahlte der Baum in einem Blütenmeer. Und die Vögel kamen und sangen. Der Junge aber streckte seine Arme aus. Er schlang sie dem Riesen um den Hals und küsste ihn.

Die anderen Kinder sahen, dass der Riese nicht länger böse war. Sie kamen schnell zurück. Und mit ihnen kam der Frühling.

Da nahm der Riese eine Axt und riss die Mauer nieder. Er sagte lächelnd: »Von nun an, Kinder, ist dies euer Garten!« Und er spielte immer wieder mit ihnen in seinem wunderschönen Garten. Jeden Tag besuchten die Kinder den Riesen und spielten mit ihm. Nur der kleine Junge tauchte nie mehr auf. Dabei hatte der Riese ihn besonders lieb. Oft sagte er: »Wie gerne würde ich ihn wiedersehen!«

Die Jahre vergingen. Der Riese wurde alt und schwach. Im Lehnstuhl sah er den Kindern zu. Manchmal sagte er zu sich selbst: »Ich habe viele herrliche Blumen im Garten, aber die Kinder sind die schönsten von allen.«

An einem Wintermorgen rieb sich der Riese verwundert die Augen. In der entlegensten Ecke des Gartens war ein Baum über und über mit herrlich weißen Blüten bedeckt. Und unter dem Baum – da stand der kleine Junge, den er so liebte.

Der Riese hastete über die Wiese, so gut er noch konnte, und näherte sich dem Kind. Da sah er entsetzt auf den Handflächen des Kindes die Wunden von zwei Nägeln; auch an seinen kleinen Füßen.

Der Riese fragte: »Wer bist du?« Und er kniete sich nieder vor dem kleinen Jungen. Der aber lächelte den Riesen an. Er sagte zu ihm: »Du hast mich einst in deinem Garten spielen lassen. Heute sollst du mit mir in meinem Garten spielen. Komm mit mir in das Paradies!«

Am Nachmittag fanden die Kinder den Riesen tot – über und über mit Blüten bedeckt.

27

DAS MÄRCHEN VOM SCHWEIGENLAND

Ein Prinz, der nur das laute Getümmel und den Lärm bei Hofe kannte, gelangte in den Besitz eines Bildes, das eine wunderhübsche Prinzessin zeigte. Er verliebte sich unsterblich in sie und wollte sie unbedingt zur Frau haben. Als er aber erfuhr, dass man im Heimatland der Prinzessin das Schweigen als höchstes Gut pflegte, sah er von einer Ehe mit ihr ab. Er liebte sie jedoch so sehr, dass er schließlich alle Bedenken aufgab und nach Schweigenland aufbrach. Schließlich langte er im Schloss der Prinzessin an und eilte, sie zu sehen. Als er sie erblickte, rief er begeistert:

»Dich will ich heiraten!«

Doch zu seiner Verblüffung verschwand die Prinzessin vor seinen Augen. Dies verschlug ihm so sehr die Sprache, dass ihm jedes Wort im Hals stecken blieb. Er starrte noch immer schweigend den leeren Thron an, als die Prinzessin wieder sichtbar wurde.

Dies wiederholte sich. Sobald er sprach, verschwand sie, schwieg er, wurde sie wieder sichtbar.

»Du musst noch das Schweigen lernen. Der Staub zu vieler toter Worte haftet an dir!«, sagte sie freundlich.

So begann der Prinz das Schweigen zu üben. Einmal saß er mit der Prinzessin schweigend zusammen, da hörte er plötzlich eine wunderschöne Musik.

»Woher kommt das?«, fragte er entzückt.

»Diese Musik machen die Sterne, wenn sie ihre Bahnen ziehen. Nur wer richtig schweigen kann, kann sie hören. Und weil du das aus Liebe zu mir gelernt hast, kann ich dich nun auch lieben.«

Da verstand der Prinz, weshalb in Schweigenland überall Freiheit, Mitgefühl und Frieden herrschten.

Er heiratete die Prinzessin und sie wurden sehr glücklich.

28
EINE KIRCHE, DIE UNS VERSTEHT

Als Bischof Rafael Lim (1931–1998) von den Philippinen einmal in Deutschland war, erzählte er folgende Geschichte:

»Ich hatte mich mit Menschen aus Basisgemeinschaften meines Bistums getroffen; wir sprachen über Gott und die Welt.

Als ich zum Abschlussgottesdienst in die Kirche einzog, kamen Leute auf mich zu, nahmen mir Mitra, Stab, Ring und Messgewand ab und kleideten mich neu ein; statt der Mitra einen Strohhut, wie ihn die einfachen Bauern tragen; sie gaben mir einen Bambusstecken anstelle meines Bischofsstabes und hängten mir den einfachen Umhang der Armen um die Schultern. Zum Schluss tauschten sie das Bischofskreuz durch ein schlichtes Bambuskreuz aus.«

Der Bischof war erschrocken und verwirrt: »Was ist in die Menschen gefahren?«, dachte er.

Die Landarbeiter sagten ihrem verdutzten Oberhirten, dass sie ihn nicht hatten beleidigen wollen: »Wir wollten dir nur unsere Vision zeigen, wie die Kirche sein soll: eine Kirche, die uns versteht, die zu uns gehört, zu unseren Angehörigen, zu unseren Dörfern mit ihren Feldern und Gärten, Geschäften und Wohnungen, mit den Krankenlagern und Arbeitsstätten. Eine Kirche, zu der wir uns hingezogen fühlen.«

29
DIE LÜCKE

Ein Christ träumte, er wäre gestorben und ein Engel trüge ihn in die Ewigkeit hinauf.

Droben war ein herrlicher Tempel. Der Pilger bestaunte mit großen Augen dieses wunderbare Bauwerk. Plötzlich aber entdeckte er im Gewölbe eine Lücke. Offenbar fehlte da ein Stein.

So sprach er zu dem Engel: »Was ist denn das für eine hässliche Lücke?«

Dieser antwortete: »Das ist die Lücke, die du gemacht hast. Gott hatte gerade *dich* bestimmt, diese kleine Stelle auszufüllen. Du hattest aber immer andere Dinge im Kopf, so dass du nie dazu gekommen bist, diese deine Pflicht, die Gott dir zugemutet hat, zu erfüllen.«

Darüber wachte der Mann auf, ließ nun das Klagen und Schimpfen über all die Unzulänglichkeiten in der Gemeinde Gottes bleiben und arbeitete künftig tatkräftig mit. Er wollte seine Lücke am Tempel Gottes füllen.

30
UNVERNUNFT

Packeis und Wüstensand hatten sich ineinander verliebt und überlegten zu heiraten.

»Sei vernünftig!«, beschworen seine Freunde den Wüstensand, »das Eis wird dich binden und das Herumtreiben im Wind wird dir fehlen.«

»Sei vernünftig«, beschwor auch die Mutter das Packeis, »nichts wird mehr sein, wie es einmal war. Der warme Sand wird dich völlig vereinnahmen.«

Beide taten es dennoch und gemeinsam brachten sie die Wüste zum Blühen.

31
ÜBERBRÜCKT

In einem kleinen Dorf in Vietnam lebten am Song Hong Menschen, die mit den Bewohnern jenseits des Flusses verfeindet waren. Den Grund für diesen anhaltenden Zwist kannte keiner mehr. Doch muss einmal viel Blut geflossen sein, denn Song Hong bedeutet Roter Fluss. Das Wasser des Flusses aber ist gelb und schlammig, und das seit eh und je, und nicht blutrot.

Eines Morgens begab sich Ly Bon in den nahe gelegenen Wald, um Bambusstangen zu fällen. Als er einen ansehnlichen Haufen beieinanderhatte, schleppte er die Stöcke zum Fluss und rammte sie in den Boden. Zunächst wunderten sich seine Dorfnachbarn über dies merkwürdige Treiben. Doch bald erkannten sie, dass sich Ly Bon anschickte, eine Brücke über den Fluss zu bauen. Das war wirklich kein leichtes Unterfangen. Es war nicht nur schwer, die Stangen tief genug in den Boden zu treiben; immer wieder war Ly Bon dabei auch in Gefahr, selbst ins Wasser zu stürzen. Eines Abends versammelten sich viele der Dorfältesten und fragten Ly Bon, warum er dies mache.

Ly Bon antwortete, ohne zu zögern: »Wenn man Frieden schaffen will, muss einer damit beginnen, eine Brücke zu bauen, auch wenn der Bau sich als äußerst schwierig erweist.«

Nach einer Pause setzte er hinzu: »Ich muss sogar damit anfangen, selbst wenn ich nicht weiß, ob ich auf der anderen Seite mit Bambusstöcken vertrieben werde.«

32
HÖREN KÖNNEN, WAS DER ANDERE IM HERZEN DENKT

Es war einmal ein Vater, der hatte zwei Söhne. Der ältere war stolz und eingebildet. Er hielt sich selber für schön und klug und schaute auf seinen Bruder nur voller Verachtung herunter. Dieser aber war freundlich und von jedermann gern gesehen.

Nun hatte aber der Vater ein hübsches Kästchen, mit dem es eine besondere Bewandtnis hatte. Es besaß wohl einen Deckel und ein Schlüsselloch, ließ sich aber weder mit einem Schlüssel noch sonst irgendwie öffnen. Der jüngere Sohn nahm es oft in die Hand, denn es gefiel ihm über die Maßen – aber traurig stellte er es stets wieder an seinen Platz; denn auch er kannte das Geheimnis des Kästchens nicht.

Eines Tages geschah es, dass der Vater ganz plötzlich starb. Da sprach der ältere Sohn zu seinem Bruder: »Haus und Geld gehören natürlich mir, denn ich bin der Erbe – du kannst ja das Kästchen nehmen. Damit bist du gut bedient, mehr steht dir nicht zu.« Und der jüngere Bruder nahm das Kästchen, packte sein Bündel und verließ das Vaterhaus.

Er war schon ein gut Stück Wegs gegangen, da wurde er müde. Er streckte sich im Schatten eines Baumes aus, legte sein Kästchen unter den Kopf und war bald eingeschlafen. Da hatte er einen sonderbaren Traum. Es träumte ihm, sein Vater stände neben ihm und zeigte auf das Kästchen. Dabei sprach er langsam das Wort: »Sabukabaku«. Dann war er verschwunden und der Sohn erwachte.

»Ei«, dachte er, »das war ein seltsamer Traum.«

Er nahm das Kästchen in die Hand und schaute es lange nachdenklich an. Dabei murmelte er das seltsame Wort, das der Vater gesagt hatte, vor sich hin:

»Sa-bu-ka-ba-ku«. Und siehe da, der Deckel hob sich wie von Zauberhand und das Kästchen sprang auf. Darin aber lag eine kleine Flöte. Der Junge schaute ein wenig ratlos auf das winzige Instrument. Gleichzeitig vernahm er eine leise Stimme: »Ach, wäre ich doch nicht gar so hinfällig. – Wie soll ich mir mein Brot verdienen – und kann doch kaum noch auf den Füßen stehen. – Die Arbeit wird mir zu schwer. – Ach, ich armer Mann, was soll aus mir noch werden?«

Der Junge schaute sich um. Wer hatte da gesprochen? Er bemerkte einen alten Mann, der mit einer schweren Last auf dem Rücken traurig und gebückt des Weges kam. Aber sonderbar – der Mann sprach gar nicht. Sein Mund war fest verschlossen, und es war auch niemand da, mit dem er hätte sprechen können.

Dem Jungen tat der Alte leid. Er nahm ohne viel Nachdenken die Flöte aus dem Kästchen, setzte sie an den Mund und sogleich konnte er darauf blasen. Die Töne formten sich zu einer Melodie. Die klang gar wundersam und tröstlich, so dass der alte Mann näher kam, stehen blieb und plötzlich lächelte. Und zu seinem Erstaunen hörte der Junge wieder die Stimme von vorhin: »Wie schön heute die Sonne scheint und wie sie mir so gut den Rücken wärmt. Ach, mir wird so leicht und froh ums Herz. Und zu Hause wartet schon meine liebe Frau auf mich. Wie gut meint es der liebe Gott doch mit mir, dass ich in meinem Alter noch auf meinen beiden Füßen stehen und herumlaufen kann.«

Und wieder bewegte der Mann nicht die Lippen. Da merkte der Junge, dass er hören konnte, was der Alte im Herzen dachte.

Und so geschah es ihm nun allüberall auf seinem Weg durch die Welt. Wenn er das Zauberwort sprach, öffnete sich das Kästchen und er konnte die Sprache der Menschenherzen verstehen. Und mit seiner Flöte konnte er Böses in Gutes verwandeln und Traurigkeit und Kummer vertreiben. Da wurde er selbst ganz fröhlich. Die Menschen wurden seine Freunde und sein Leben war reich und glücklich.

ALLE GEBEN EINEN FADEN

In einem Dorf, erzählt eine alte Geschichte, wohnten sehr arme Menschen. Sie hatten oft nicht das Nötigste, um leben zu können. Als es wieder einmal Winter wurde, klagte ein alter Mann über die Kälte. Alle wussten, dass dieser Mann schon lange keine Jacke mehr besaß. Doch niemand konnte ihm eine geben. Da hatte eine Frau eine Idee:

Jeder im Dorf solle ihr einen Faden bringen, damit sie dem alten Mann eine Jacke stricken könne. Damit sie aber nicht zu viele verschiedene Farben zusammenbekomme, möge jeder seinen Faden im Saft der Roten Beete, dem Hauptnahrungsmittel des Dorfes, tränken. Alle machten mit.

Und noch vor Beginn des Winters hatte der alte Mann eine Jacke. Sein Leben hatte eine neue Qualität bekommen.

VOM BAUM, DER VERGESSEN WURDE

Irgendwo am Rande unserer Welt stand ein Baum, knorrig und starr mit einer dicken, grauen Rinde. Nach und nach wurde er von allen vergessen. Seine Äste waren kahl und leer. Eines Tages nun, die Sonne zog wieder mal am Baum vorbei, da löste sich ein kleiner vorwitziger Strahl und er landete genau bei dem alten Baum.

»Nanu«, dachte der Sonnenstrahl da, »was ist denn das?«, und er fing an, auf den dürren Ästen herumzuhüpfen. Hei, das machte Spaß. Der Sonnenstrahl kitzelte und krabbelte den Baum, und weil es so viel Spaß machte, holte er all die anderen Sonnenstrahlen dazu.

»Oh, was ist das nur für ein merkwürdiges Gefühl«, dachte sich da der Baum. Wärme und Licht durchflossen ihn. Er genoss es, die Sonne zu spüren. Einige Wolken wurden aufmerksam. Neugierig ballten sie sich über dem Baum zusammen und schauten den quirligen Sonnenstrahlen zu. Und weil es so lustig aussah, wie die Strahlen da im Baum herumhüpften, und weil es so glitzerte und blinkte, mussten die Wolken auf einmal herzhaft lachen. Plötzlich lösten sich einige Wassertropfen aus den Wolken heraus. Plitsch und platsch, sie landeten auf der staubigen Erde und in den vertrockneten Zweigen. Erst nur ein paar, aber dann immer mehr und mehr.

Das Wasser wurde gierig von der Erde und den Wurzeln des Baumes aufgesogen. »Oh«, dachte sich da der Baum, »was für ein schönes Gefühl. Das Wasser fließt in meinen Adern, es erfrischt und wäscht den Staub ab. Es ist, als wenn das Leben in mich hineinfließt.«

»So, genug für heute«, brauste da der Wind daher und pustete die Wolken auseinander. Und der Wind strich durch die Äste des Baumes, er streichelte ihn, er schüttelte am Stamm und an den Zweigen. Es war so, als wenn er den Baum wachrütteln wollte. »Komm, streng dich an, Baum, du bist noch nicht am Ende, in dir steckt noch so viel.« Und der Wind blies und blies. »Oh«, dachte da der Baum und die alten Äste knackten, als der Wind sie bewegte, »was ist denn das, ich lebe ja.«

Alles Starre und Tote löste sich vom Baum und der Wind nahm alles mit sich. Klare, reine Luft umgab ihn. Er atmete tief ein. Doch was war das? Da platzten plötzlich kleine grüne Knospen auf. Blätter kamen zum Vorschein. Der Baum sah nicht mehr grau aus, nein, er wurde grün und die Blüten leuchteten in der Sonne. Und auch um den Baum herum veränderte sich alles. Es kamen Blumen zum Vorschein, so wunderschön, wie sie noch nie jemand gesehen hatte. Das Leben kehrte zurück. Schmetterlinge, Bienen und andere Tiere besiedelten den Baum. Er war nicht mehr alleine und er war so glücklich darüber. Sonne, Wind und Regen schenkten dem Baum nun regelmäßig ihre Aufmerksamkeit. Und so brachte er auch noch süße, saftige Früchte hervor. Und das alles nur, weil ein kleiner, vorwitziger Sonnenstrahl sich verirrt hatte.

35
SINN

Als der alte Mann bei Sonnenuntergang den Strand entlangging, sah er vor sich einen jungen Mann, der Seesterne aufhob und ins Meer warf. Nachdem er ihn eingeholt hatte, fragte er ihn, warum er das denn tue. Da sagte der junge Mann: »Die Seesterne werden sterben, wenn sie bis Sonnenaufgang hier liegen bleiben müssen.« – »Aber der Strand ist viele Meilen lang, und Tausende von Seesternen liegen hier«, meinte der Alte: »Dein Mühen macht keinen Sinn!« Der junge Mann blickte auf den Seestern in seiner Hand und warf ihn in die rettenden Wellen. Dann meinte er: »Für diesen hier macht es einen.«

Ihr müder Blick bleibt an dem Baum hängen, dessen Zweige und Äste sie von ihrem Krankenzimmer aus an der Hauswand gegenüber sehen kann. Es ist bereits spät im Jahr und die meisten Blätter sind gefallen. »Mit dem letzten Blatt«, sagte sich die Todkranke, »mit dem Fall des letzten Blattes werde ich sterben.«

Von Morgen zu Morgen beobachtete sie den Baum. Nur noch wenige Blätter tanzten an den Zweigen, bevor sie abstürzten. Die Kranke war so schwach geworden, dass sie kaum noch den Kopf heben konnte, um nach den Blättern zu sehen. Schließlich hing nur noch ein einziges Blatt am Baum. Das letzte. In dieser Nacht zog ein schwerer Sturm über die Stadt und riss alles mit sich.

Als es dämmerte, ahnte die Frau, dass ihr letzter Tag gekommen sei. Doch welch ein Wunder: Das eine Blatt hatte dem Sturm getrotzt. Da durchströmte die Todkranke eine Welle der Hoffnung. Neue Kraft wuchs ihr spürbar zu: Wenn es das Blatt geschafft hatte, dem schweren Sturm zu widerstehen, dann konnte sie auch ihre Krankheit bezwingen.

Aber erst als sie – auch zum Erstaunen der Ärzte – wieder gesund geworden war, erfuhr sie, dass in jener stürmischen Nacht ihr Mann ein Blatt an die Wand des Hauses gegenüber gemalt hatte: Das erste Blatt für ein neues, gemeinsames Leben.

Sie hatten den Wanderweg am Bach entlang asphaltiert. Jetzt wurde er auch für Fahrräder freigegeben. Einerseits verständlich, andererseits ärgerlich, weil wieder ein Stück lebendiger Erde nicht mehr atmen kann. Ich suchte mir einen anderen Spazierweg, denn Fahrradkarawanen nehmen die Beschaulichkeit.

Zwei Jahre später ging ich gegen Abend doch nochmals den alten Weg. An zwei Stellen blieb ich stehen, wunderte und freute mich: Da war doch der Asphalt am Rand aufgebrochen, Gras und Löwenzahn hatten sich hindurchgezwängt und sich nicht unterkriegen lassen! Besonders das pralle Gelb der Löwenzahnblüten hatte es mir angetan. Und eine Pusteblume deutet bereits an: »Mit uns müsst ihr rechnen. Das ist nicht alles! So leicht lassen wir uns nicht unterkriegen!« – Ein Stück Auferstehung aus dem Asphalt.

Träume, die unsere Erde verwandeln

38

DER WUNSCH DES HIRTEN

Es war einmal ein Hirte, der außer einigen Schafen nichts besaß als eine Flöte, die er sich aus dem Ast eines Holunderbaumes geschnitzt hatte. Es verging kein Tag, ohne dass er nicht darauf spielte, manchmal laut, manchmal leise, manchmal traurig; je nachdem, wie es ihm zumute war. Wenn er seine Lieder spielte, erfüllte ihn der Wunsch nach etwas Vollkommenem. Und die Vision, es zu finden, schenkte ihm neue Melodien.

Eines Tages, als er wieder auf seiner Flöte spielte, entdeckte er einen Vogel. Er saß auf dem Holunderbaum und hörte ihm zu. Sein Federkleid leuchtete in allen Farben des Regenbogens. Oh, dachte der Hirte erschrocken, da ist es endlich, das Vollkommene, nach dem ich mich sehne!

Er schlich an den Holunderbaum heran, um den Vogel zu fangen. Doch als er ihn mit den Händen fassen wollte, erhob sich der Vogel in die Luft und flog ins Geäst der

Tanne. Der Wunsch des Hirten, den Vogel zu besitzen, war so groß, dass er beschloss, ihm zu folgen:

Als der Hirte nun zu der Tanne kam, erhob sich der Vogel in die Luft und flog davon. An seiner Stelle fand der Hirte eine von einer Katze bedrohte Amsel.

Kaum hatte der Hirte die Katze vertrieben, entdeckte er den Vogel am Rande eines Weihers. Aber als der Hirte zu dem Weiher kam, erhob sich der Vogel in die Luft und flog davon. An seiner Stelle fand der Hirte einen im Netz gefangenen Fisch, der ihn um Hilfe bat.

Kaum hatte der Hirte den Fisch befreit, entdeckte er den Vogel auf der Kuppe eines Hügels. Aber als der Hirte zu dem Hügel kam, erhob sich der Vogel in die Luft und flog davon. An seiner Stelle fand der Hirte eine von der Hitze verdorrte Blume, die ihn um Hilfe bat.

Kaum hatte der Hirt die Blume bewässert, entdeckte er den Vogel am Ufer des Meeres. Aber als der Hirte ans Ufer des Meeres kam, erhob sich der Vogel in die Luft und flog übers Wasser der untergehenden Sonne zu.

Ach, dachte der Hirte, der Vogel hat mich zum Narren gehalten. Enttäuscht machte er sich auf den Rückweg nach Hause zu seinen Schafen. Als er nun wieder auf den Hügel kam, da öffnete sich vor seinen Augen eine wunderbare Blume. Am Weiher erwartete ihn ein Fisch, der sich seines Lebens freute. Und auf der Tanne grüßte ihn eine Amsel mit ihrem Lied.

Da wusste der Hirte, dass es einen Sinn hatte, sich bis ans Ende seiner Tage nach Vollkommenheit zu sehnen, auch wenn sie sich nie mit den Händen fassen lassen wird.

OFFENHEIT UND EHRLICHKEIT
DURCHDRINGEN MAUERN

Giacomo, so heißt ein Junge, der mit seinen Eltern in einem fernen Land lebte. Giacomo ist kein Junge wie jeder andere. Er ist ein besonderes Kind, denn jeder kann ganz deutlich erkennen, was Giacomo denkt. Er ist so ganz offen und ehrlich. Alle können ihm trauen und sich auf ihn verlassen, wenn er etwas sagt. Deshalb fühlen die Menschen sich in seiner Nähe wohl und nennen ihn: Giacomo, der Kristall.

Eines Tages kommt in dem Land, in dem Giacomo lebt, ein schlimmer König auf den Thron. Alle, die nicht seiner Meinung sind, lässt er ins Gefängnis werfen. Viele trauen sich nicht mehr, etwas gegen ihn zu sagen, weil sie große Angst vor ihm haben.

Giacomo kann seine Gedanken nicht verbergen. Alle können sehen, dass er den König für einen schlechten Menschen hält. Das macht den Leuten, die so denken wie Giacomo, Mut und Hoffnung. Der König merkt, dass viele Menschen, die die gleichen Gedanken wie Giacomo haben, miteinander sprechen und gemeinsam handeln wollen. Deshalb lässt der König Giacomo ins Gefängnis werfen. Er kommt in den finstersten Kerker, und der König denkt, nun habe er Ruhe.

Doch da beginnt Giacomos Herz zu leuchten. Es leuchtet durch die Gefängnismauern hindurch – bis in den Palast des Königs. Selbst in der Nacht dringt das Licht in das Schlafgemach des Königs, und der König findet keine Ruhe mehr.

Satan, der Spaß daran hat, alles zu verwirren und durcheinanderzubringen, hatte einen Spiegel gemacht, an dem er seine teuflische Freude hatte. Dieser Spiegel zeigte alles Gute und Schöne ganz klein und zusammengeschrumpft; was aber schlecht war, trat übergroß ins Bild. Überall hielt er diesen Spiegel hin, und es gab kein Land und keine Menschen mehr, die nicht verzerrt darin zu sehen waren.

Eines Tages musste der Böse über das Ekelhafte, das er im Spiegel sehen konnte, so lachen, dass er ihm aus den Händen rutschte und zerbrach – in Tausende, ja Millionen Teile. Und ein böser Sturm, ein Orkan, trieb die Splitter über die ganze Erde. Manche Splitter waren so klein wie ein Sandkorn; sie saßen vielen Menschen in den Augen. Diese Menschen sahen an anderen alles verkehrt; sie sahen nur das, was schlecht war. Andere Scherben kamen in Brillen, und wenn die Leute diese aufsetzten, dann war es schwer für sie, richtig hinzusehen und gerecht zu urteilen. Als Gott sah, wie verkehrt viele Menschen alles wahrnahmen, wurde er traurig. Er beschloss, ihnen zu helfen. Er sagte:»Ich will meinen Sohn in die Welt schicken. Er ist mein Ebenbild, mein Spiegel. Er spiegelt meine Güte, meine Gerechtigkeit wider; er spiegelt den Menschen so, wie ich ihn gemeint habe!«

Und Jesus wurde ein Spiegel für die Menschen. Er zeigte das Gute in den Menschen, sogar an Betrügern, Räubern, verachteten Frauen. Er ließ in den Kranken den Mut zum Leben wieder wachsen. Er tröstete die Menschen, die trauerten, und half ihnen, die Angst vor dem Tod zu überwinden.

Viele Menschen liebten diesen Spiegel Gottes und folgten Jesus nach. Sie waren begeistert von ihm. Andere aber ärgerten sich, sie griffen ein und zerbrachen den Spiegel: Jesus wurde getötet. Aber da erhob sich ein guter Sturm: der Heilige Geist, der die Tausende, die Millionen Splitter dieses Spiegels über die ganze Welt blies. Und wer nur ein Splitterchen dieses Spiegels ins Auge bekommt, der lernt die Welt und die Menschen so sehen, wie Jesus sie gesehen hat: Das Gute und Schöne fällt zuerst ins Auge, das Böse und Gemeine aber ist veränderlich und überwindbar.

41
DANKBARKEIT SCHENKT LEBEN

Eines Tages begab sich das Leben auf Wanderschaft durch die Welt. Es ging und ging, bis es zu einem Menschen kam. Der hatte so geschwollene Glieder, dass er sich kaum rühren konnte.

»Wer bist du?«, fragte der Mann.

»Ich bin das Leben.«

»Wenn du das Leben bist, so kannst du mich vielleicht gesund machen«, sprach der Kranke.

»Ich will dich heilen«, sagte das Leben.

»Aber du wirst mich und deine Krankheit bald vergessen.«

»Wie könnte ich euch vergessen!«, rief der Mann aus.

»Gut. Ich will in sieben Jahren wiederkommen. Dann werden wir ja sehen«, meinte das Leben. Es bestreute den

Kranken mit Staub vom Wege. Kaum war das geschehen, ward der Mann gesund.

Dann zog das Leben weiter zu einem Leprakranken und machte auch ihn gesund. Ebenso verfuhr es mit einem Blinden.

Als sieben Jahre vergangen waren, zog das Leben wieder in die Welt. Es verwandelte sich in einen Blinden und ging zuerst zu dem Menschen, dem es das Augenlicht wiedergegeben hatte. »Bitte, lass mich bei dir übernachten«, bat das Leben.

»Was fällt dir ein?«, schrie der Mann es an. »Scher dich weg! Das fehlte mir gerade noch, dass sich hier jeder Krüppel breitmacht!«

»Siehst du«, sagte das Leben, »vor sieben Jahren warst du blind. Damals habe ich dich geheilt. Du versprachst, deine Blindheit und mich niemals zu vergessen.« Darauf nahm das Leben ein wenig Staub vom Wege, streute ihn auf die Spur dieses undankbaren Menschen. Von Stund an wurde dieser wieder blind.

Dann verwandelte sich das Leben in einen Leprakranken, aber auch der war undankbar und wurde wieder krank.

Schließlich verwandelte sich das Leben in einen Menschen, dessen Glieder so geschwollen waren, dass er sich kaum rühren konnte. So besuchte es jenen Mann, den es vor sieben Jahren zuerst geheilt hatte.

»Könnte ich bei dir übernachten?«, fragte ihn das Leben.

»Gern. Komm nur herein«, lud der Mann das Leben ein. »Setz dich, du Armer. Ich will dir etwas zu essen machen. Ich weiß recht gut, wie dir zumute ist. Einst hatte ich ebensolche geschwollenen Glieder. Gerade ist es sieben Jahre her, als das Leben hier vorüberkam und mich gesund machte. Damals sagte es, dass es nach sieben Jahren wiederkommen würde. Warte hier, bis es kommt. Vielleicht wird es auch dir helfen.«

»Ich bin das Leben«, sagte das Leben. »Du bist der Einzige von allen, der weder mich noch seine Krankheit vergessen hat. Deshalb sollst du auch immer gesund bleiben.«

42

SCHÄTZE, DIE MAN NICHT KAUFEN KANN

Am Strand des Meeres hatte der junge Fischer Li seine Netze zum Trocknen aufgehängt. Als er am frühen Morgen aus der Hütte trat, sah er mit Erstaunen, dass sich ein riesiger bunter Vogel in den Netzen verfangen hatte.

Nachdem Li die Netze von allen Seiten sorgfältig mit Steinen beschwert hatte, überlegte er, was er mit dem sonderbaren Tier machen könne. Da sprach der Vogel mit menschlicher Stimme: »Höre, Fischer, wenn du mir meine Freiheit wiedergibst, werde ich dich reich belohnen.«

Erschrocken befreite Li den Vogel aus den Netzen, worauf dieser ihn aufforderte, auf seinem Rücken Platz zu nehmen.

»Ich werde dich zu einer Schatzinsel bringen, dort kannst du dir aussuchen, was du haben willst. Bedenke aber, dass ich nicht mehr tragen kann als zweimal das Gewicht eines Mannes! Wenn du mehr mitnimmst, dann muss ich dich mit deinen Schätzen in das Meer werfen.«

Nach einem langen Flug landete der Vogel endlich am Strande einer kleinen Insel. Das ganze Ufer war besät mit Goldstücken, Münzen, Ringen und Armreifen. Dahinter lagen Hügel von Perlen, Diamanten, Rubinen, Smaragden und anderen kostbaren Edelsteinen, so dass Li geblendet die Augen schließen musste.

»Wähle von den Schätzen aus, was dir gefällt«, ermunterte ihn der Vogel. »Ich fliege jetzt fort und hole dich bei Sonnenuntergang wieder ab. Du hast also Zeit, alles zu betrachten und in Ruhe zu überlegen, was dir am besten zusagt.« Dann breitete er seine mächtigen Schwingen aus und flog davon.

Zuerst war Li wie betäubt von dem Glanz der Kostbarkeiten um sich herum. Er konnte nicht den Fuß setzen, ohne auf Gold, Edelsteine und Perlen zu treten. Nirgends war auch nur ein kleines Stück Erde zu erkennen, so hoch waren die Schätze angehäuft.

Bald schüttelte der junge Mann seine Befangenheit ab und streifte auf der Insel umher. Seine Gedanken beschäftigten sich mit der Auswahl der Dinge, die er mitnehmen wollte: Gold, Gold, Gold!

Während Li seine Wahl traf, erklang plötzlich hinter ihm ein höhnisches Gelächter. Als er sich umdrehte, stand vor ihm ein älterer Mann. Seine Kleidung bestand nur aus armseligen Lumpen. Sein Gesicht war durchfurcht vor Gram. Inmitten dieser Kostbarkeiten wirkte dieser von Leid gebeugte Mensch wie ein Spuk.

»Bist du auch gekommen, um mich von diesem Kram zu erlösen?«, fragte er. »Nimm nur recht viel davon mit, damit ich eine Hand voll Boden freibekomme, auf dem ich etwas Grünes pflanzen kann.«

Li verstand nicht, was der Mann meinte. Da nahm ihn der Mann mit zu seiner Hütte, die aus reinem Gold erbaut war. Vor der Hütte hatte der Mann in mühseliger Arbeit das Gold und die Edelsteine beiseitegeräumt. Eine winzige Fläche, nicht größer als eine halbe Hand, war frei geworden. Erst jetzt fiel Li auf, dass auf der Insel kein Baum, kein Strauch, keine Blume wuchs. Weder das Summen einer Biene noch das melodische Rieseln eines Baches unterbrachen die unheimliche Stille. Nur das Flimmern und Glitzern der Kostbarkeiten ringsumher. Toter Glanz!

Müde setzte sich der Fremde auf den Boden und erzählte Li seine Geschichte: Vor zwanzig Jahren hatte ihn der Vogel auf die Insel gebracht. Seine Gier nach den Schätzen hatte ihn so genarrt, dass er den Vogel bat, hierbleiben zu dürfen, um immer bei den Reichtümern sein zu können. Obwohl der Vogel ihn warnte, dass er dann die Insel nicht mehr verlassen könne, beharrte er auf seinem Wunsch. Zuerst hoffte er, dass eines Tages ein Schiff vorbeikommen würde und ihn mit einem Teil der Schätze an Bord nähme. Aber seine Hoffnung trog. Später verwünschte er seine Habgier, denn das Leben auf der Insel wurde ihm zur Hölle. Der Vogel brachte ihm täglich Nahrung, doch er blieb taub, wenn er ihn bat, seine Gefangenschaft auf der furchtbaren Insel zu beenden. Nun hätte er gern den goldenen Käfig verlassen, ohne das Geringste mitzunehmen. Bettelarm in die Heimat zurückzukehren, schien ihm das größte Glück seines Lebens zu sein.

Hin und wieder brachte der Vogel einen Menschen mit, der, mit der Beute beladen, bei Sonnenuntergang heimkehrte. Er allein musste bleiben.

Erschüttert hörte der junge Fischer die Geschichte des Mannes an. Dann versank er in tiefe Gedanken. Er sah jetzt die Kostbarkeiten mit den Augen des Leidgeprüften und sie verloren ihren Wert. Endlich stand er auf und lächelte.

»Willst du jetzt deine Auswahl treffen?«, fragte die müde Stimme an seiner Seite. »Es wird Zeit, der Vogel wird bald kommen.«

»Ich habe meine Wahl schon getroffen«, antwortete Li, und das Lächeln um seine Lippen vertiefte sich. Da nickte der Fremde und wandte sich ohne Fragen ab.

Kurz darauf wurde das Rauschen der Schwingen hörbar. Der Vogel näherte sich der Insel. Da fasste Li nach der Hand des Mannes und bat: »Bleibe bei mir, Vater.«

Verwundert sah der Fremde in das Gesicht des Fischers. »Fürchtest du dich? Der Vogel wird dich sicher und gesund heimbringen. Er hält sein Wort.«

Li schüttelte den Kopf. Er eilte dem Vogel entgegen. »Wo hast du denn deine Last zusammengetragen?«, fragte dieser. »Wir müssen uns beeilen!« Da wandte sich Li um und legte die Hand auf die Schulter des Fremden. »Hier ist meine Last. Du hast mir erlaubt, einen Schatz im Gewicht eines Mannes zu wählen. Ich wähle den Gefangenen.«

»Kommt«, antwortete der Vogel, »du aber, Li, bist der Erste, der mich nicht enttäuscht hat. Der Glanz des Goldes und der Edelsteine vermochte nicht die Stimme deines Herzens zu betäuben. Du hast Recht. Das Herz eines Menschen ist mehr wert als alle Kostbarkeiten dieser Welt.«

Heil brachte der Vogel die beiden zurück; sie blieben beieinander und Li sorgte für den Fremden. Immer wenn er zum Fischfang hinauszog auf das Meer, kehrte er mit reichem Fang zurück. In der Arbeit lag der Segen seines Lebens, und er erkannte, dass er den größten Schatz erworben hatte, als er die Edelsteine und das Gold auf der Schatzinsel verschmähte.

Als junger Mensch war John Rockefeller stark und unverwüstlich. Als Geschäftsmann trieb er sich gnadenlos zu Höchstleistungen an. Mit 33 Jahren hatte er die erste Million Dollar verdient.

Jede Sekunde seines Lebens widmete er seinen Geschäften. Krankhafter Ehrgeiz trieb ihn zu ungewöhnlichen Leistungen an. Mit 43 Jahren beherrschte er das größte Geschäftsunternehmen der Erde, und mit 53 Jahren war er der reichste Mann und erste Dollarmilliardär.

Aber seinen Erfolg hatte er mit seiner Gesundheit und Lebensfreude bezahlt. John Rockefeller wurde schwer krank. Er verdiente in der Woche zwar eine Million Dollar, aber er sah aus wie eine Mumie. Er war einsam und verhasst. Er konnte nur noch Zwieback und Milch schlürfen. Sein ausgemergelter Körper und seine ruhelose Seele boten ein Jammerbild menschlicher Existenz. Die Zeitungen hatten seinen Nachruf schon gedruckt und niemand gab Rockefeller noch eine Lebenschance.

In langen, schlaflosen Nächten kam Rockefeller dann aber zur Besinnung und zu Visionen: Er dachte an die Unsinnigkeit, Geld aufzuhäufen und selber daran kaputtzugehen.

So entschloss er sich, sein Vermögen gegen die Nöte auf der Erde einzusetzen. Er gründete die berühmten Rockefellerstiftungen. Sein Geld ging in alle Teile der Erde und erreichte Universitäten, Krankenhäuser und Missionsgesellschaften. Seine Millionen waren für die ganze Menschheit ein Segen: Sie halfen mit, das Penicillin zu entdecken und Malaria, Tuberkulose, Diphtherie und andere Krankheiten zu besiegen. Armut, Hunger und Unwissenheit wurden mit seinem Geld bekämpft. Ganze Bücher müssten geschrieben werden, um die Segnungen seines Geldes zu schildern.

Dann geschah das Wunder. Rockefeller konnte wieder schlafen. Bitterkeit, Egoismus, Groll und Hass wichen aus seinem Herzen und machten der Liebe und Dankbarkeit Platz. Er wurde gesund und konnte wieder Freude am Leben erfahren. Ein kalter, harter Mann verwandelte sich und blühte auf zu einem erfüllten Leben in Liebe und Güte.

Er wurde 98 Jahre alt.

44
DIE SCHÖPFUNG DANKT

Es war einmal eine arme Frau, die in den Wald ging, um Holz zu lesen. Als sie mit ihrer Bürde auf dem Rückweg war, sah sie ein krankes Kätzchen hinter einem Zaun liegen, das kläglich schrie: Die arme Frau nahm es mitleidig in ihre Schürze und trug es nach Hause.

Auf dem Wege kamen die beiden Kinder ihr entgegen und wollten gleich das Kätzchen haben; aber die mitleidige Frau gab den Kindern das Kätzchen nicht, aus Sorge, sie möchten es quälen, sondern sie legte es zu Hause auf alte weiche Kleider und gab ihm Milch zu trinken.

Als das Kätzchen wieder gesund war, war es mit einem Male fort und verschwunden. Nach einiger Zeit ging die arme Frau wieder in den Wald, und als sie mit ihrer Bürde Holz auf dem Rückweg wieder an die Stelle kam, wo das kranke Kätzchen gelegen hatte, da stand eine ganz vornehme Dame dort, winkte die arme Frau zu sich und warf ihr fünf Stricknadeln in die Schürze. Die Frau wusste nicht recht, was sie denken sollte, diese absonderliche Gabe schien ihr gar zu gering; aber sie legte die fünf Stricknadeln des Abends auf den Tisch.

Als die Frau am anderen Morgen ihr Bett verließ, da lagen ein paar neue, fertig gestrickte Strümpfe auf dem Tisch. Das wunderte die arme Frau über alle Maßen, und am nächsten Abend legte sie die Nadeln wieder auf den Tisch, und am Morgen darauf lagen neue Strümpfe da.

Jetzt merkte sie, dass sie die Stricknadeln zum Lohn für ihr Mitleid mit dem kranken Kätzchen bekommen hatte, und ließ dieselben nun jede Nacht stricken, bis sie und die Kinder genug Strümpfe hatten. Dann verkaufte sie auch die Strümpfe.

Und sie hatte genug zum Leben bis an ihr seliges Ende.

45
DIE HEILIGE FLAMME

Da ist ein Mann, der hat davon gehört, dass an einem fernen Ort eine heilige Flamme brennt. Er macht sich auf, um dieses Licht zu sich nach Hause zu tragen. Er hat die Vision: Wenn du dieses Licht hast, dann hast du das Leben, das Glück. Nun ist er auf dem Heimweg. Seine Sorge ist, dass die Flamme erlischt.

Er trifft einen anderen, der kein Feuer hat, der friert. Der bittet ihn, ihm von seinem Feuer zu geben.

Zuerst will er nicht, er denkt, dieses heilige Feuer für eine so weltliche Sache, das geht nicht. Dann aber gibt er doch.

Auf seinem weiteren Weg gerät er in einen schlimmen Sturm. So sehr er auch sein Licht schützt, seine Flamme erlischt.

Nun erinnert er sich des anderen, dem er von seinem Licht abgegeben hat. Den weiten Weg zurück zum heiligen Ort über Meere und Ströme hätte er nicht mehr geschafft. Aber zu dem anderen, dem er geholfen hat, kann er zurück.

46
DIE BEIDEN BRÜDER AUF DEM BERG MORIJA

Zwei Brüder wohnten einst auf dem Berg Morija. Der jüngere war verheiratet und hatte Kinder, der ältere war unverheiratet und allein.

Die beiden Brüder arbeiteten zusammen, sie pflügten das Feld zusammen und streuten zusammen den Samen aus. Zur Zeit der Ernte brachten sie das Getreide ein und teilten die Garben in zwei gleich große Stöße, für jeden einen Stoß Garben. Als es Nacht geworden war, legte sich jeder der beiden Brüder bei seinen Garben nieder, um zu schlafen.

Der Ältere aber konnte keine Ruhe finden und sprach in seinem Herzen: »Mein Bruder hat eine Familie, ich dagegen bin allein und ohne Kinder und doch habe ich gleich viele Garben genommen wie er. Das ist nicht recht.« Er stand auf, nahm von seinen Garben und schichtete sie heimlich und leise zu den Garben seines Bruders. Dann legte er sich wieder hin und schlief ein.

In der gleichen Nacht nun, geraume Zeit später, erwachte der Jüngere. Auch er musste an seinen Bruder denken und sprach in seinem Herzen: »Mein Bruder ist allein und hat keine Kinder. Wer wird in seinen alten Tagen für ihn sorgen?« Und er stand auf, nahm von seinen Garben und trug sie heimlich und leise hinüber zum Stoß des Älteren. Als es Tag wurde, erhoben sich die beiden Brüder, und wie war jeder erstaunt, dass ihre Garbenstöße die gleichen waren wie am Abend zuvor. Aber keiner sagte dem anderen ein Wort.

In der zweiten Nacht wartete jeder ein Weilchen, bis er den anderen schlafend wähnte. Dann erhoben sie sich, und jeder nahm von seinen Garben, um sie zum Stoß des anderen zu tragen.

Auf halbem Weg trafen sie plötzlich aufeinander, und jeder erkannte, wie gut es der andere mit ihm meinte. Da ließen sie ihre Garben fallen und umarmten einander in herzlicher brüderlicher Liebe.

Gott im Himmel aber schaute auf sie hernieder und sprach: »Heilig, heilig sei mir dieser Ort. Hier will ich unter den Menschen wohnen.«

47

ER ERNIEDRIGT SICH SELBST

Von einem Fürsten in China wird folgende Vision erzählt: Der Fürst hat viele angesehene Bürger zu einem großen Fest eingeladen. Die meisten Gäste kommen mit vornehmen Kutschen. Es beginnt zu regnen. Vor der Toreinfahrt bildet sich eine große Pfütze.

Ein Wagen hält direkt neben der Pfütze. Ein vornehm gekleideter, älterer Herr steigt aus, bleibt am Trittbrett hängen und fällt der Länge nach in die Pfütze. Mühsam erhebt er sich wieder. Er ist von oben bis unten beschmutzt und sehr traurig. Denn so kann er sich auf dem Fest ja nicht mehr sehen lassen. Ein paar andere Gäste machen schon spöttische Bemerkungen.

Ein Diener, der den Vorfall beobachtet hat, meldet ihn seinem Herrn, dem Mandarin. Dieser eilt sofort hinaus und kann den beschmutzten Gast gerade noch erreichen, als dieser zurückfahren will. Der Mandarin bittet den Gast, doch zu bleiben, ihm würde der Schmutz an seinen Kleidern nichts ausmachen. Doch der Gast hat Angst vor den Blicken und dem Getuschel der Leute und lehnt ab.

Da lässt sich der Mandarin mit seinen schönen Gewändern in dieselbe Pfütze fallen, so dass auch er von oben bis unten voller Dreck ist.

Er nimmt den Gast an der Hand und zieht ihn mit sich. Sie gehen beide, beschmutzt, wie sie sind, in den festlich geschmückten Saal.

Keiner wagt es, etwas über den schmutzigen Gast zu sagen!

48
DIE KLEINEN LEUTE VON SWABEEDO

Vor langer Zeit lebten in dem Ort Swabeedo kleine Leute. Sie wurden die Swabeedoler genannt. Sie waren sehr glücklich und liefen den ganzen Tag mit einem freudig-fröhlichen Lächeln umher. Wenn sie sich begrüßten, überreichten sie sich gegenseitig kleine, warme, weiche Pelzchen, von denen jeder immer genug hatte, weil er sie verschenkte und sofort wieder welche geschenkt bekam. Ein warmes Pelzchen zu verschenken, bedeutete für sie:

Ich mag dich. So sagten sie sich, dass jeder jeden mochte. Und das machte sie den ganzen Tag froh.

Außerhalb des Dorfes lebte ein Kobold – ganz einsam in einer Höhle. Wenn ein Swabeedoler ihm ein Pelzchen schenken wollte, lehnte er es ab. Denn er fand es albern, sich Pelzchen zu schenken.

Eines Abends traf der Kobold einen Swabeedoler im Dorf, der ihn sofort ansprach: »War heute nicht ein schöner, sonniger Tag?« Und er reichte ihm ein besonders weiches Pelzchen. Der Kobold schaute ihm in den Rucksack mit den Pelzchen. Dann legte er ihm den Arm vertraulich um die Schulter und flüsterte ihm zu: »Nimm dich in Acht. Du hast nur noch 207 Pelzchen. Wenn du weiterhin so großzügig die Pelzchen verschenkst, hast du bald keine mehr.«

Das war natürlich vollkommen falsch gerechnet; denn ein Swabeedoler hatte, da jeder jedem welche schenkte, immer genug Pelzchen.

Doch kaum hatte der Kobold den verdutzten kleinen Mann stehen lassen, kam schon sein Freund vorbei und schenkte ihm ein Pelzchen. Doch der Beschenkte reagierte nicht wie bisher. Er packte das Pelzchen ein und sagte zu seinem Kollegen: »Lieber Freund, ich will dir einen Rat geben. Verschenke deine Pelzchen nicht so großzügig, sie könnten dir ausgehen.«

Bald gaben sich immer öfter Swabeedoler diesen Rat. So kam es, dass Pelzchen nur noch an allerbeste Freunde verschenkt wurden. Jeder hütete seinen Pelzchenrucksack wie einen Schatz. Sie wurden zu Hause eingeschlossen, und wer so leichtsinnig war, damit über die Straße zu gehen, musste damit rechnen, überfallen und beraubt zu werden.

Die kleinen Leute von Swabeedo veränderten sich immer mehr. Sie lächelten nicht mehr und begrüßten sich kaum noch. Keine Freude kam mehr in ihr trauriges und misstrauisches Herz.

Erst nach langer Zeit begannen einige kleine Leute wieder wie früher kleine warme, weiche Pelzchen zu schenken.

Sie merkten bald, dass ihnen die Pelzchen nicht ausgingen und dass sich Beschenkte und Schenkende darüber freuten. In ihren Herzen wurde es wieder warm, und sie konnten wieder lächeln, auch wenn die Traurigkeit und das Misstrauen nie mehr ganz aus ihren Herzen verschwanden.

49

VOM GLÜCK DER SINNE

Als junger Mann war ich (Arthur Rubinstein, Konzertpianist, 1886–1982) einmal sehr verzweifelt, ganz auf null. Ich hatte kein Geld, konnte das Hotel nicht bezahlen; ich war nicht verliebt; mit meinen Eltern war ich ganz auseinander. Meine Karriere schien am Ende. Alles ging schief. Ich war zwanzig oder einundzwanzig Jahre alt und ich wollte mich erhängen.

Aber es ging nicht. Sie sehen, ich lebe noch! Nachher, als ich auf die Straße kam, fühlte ich mich als neuer Mensch mit neuen Visionen: Ich sah die Welt mit anderen Augen an.

Ich sagte zu mir: »Was bist du doch für ein Dummkopf! Was macht es denn, wenn du ins Gefängnis kommst, weil du die Schulden nicht bezahlen kannst? Im Gefängnis kannst du an die Musik denken. Vielleicht bekommst du ein Buch zu lesen. Du kannst an die Liebe denken. Du kannst alles Mögliche tun. Niemand kann dir das Denken nehmen. Du kannst ein neues philosophisches System aushecken. Und so weiter.« Ich dachte weiter: »Auch wenn du krank wirst und ins Spital musst, lebst du immer noch und du kannst wieder gesund werden.«

Sehen Sie, das Leben hat so wunderbare Dinge für uns bereit: Blumen, Musik, Poesie, Bücher, Gedanken, Liebe. Das kann uns niemand wegnehmen.

Ich habe eine merkwürdige Gewohnheit: Ich freue mich jeden Morgen, wenn ich aufstehe, dass ich noch sehen kann, hören kann, riechen kann; dass ich noch alle Sinne besitze; dass ich noch gehen kann. Das sind doch wunderbare Geschenke! Es könnte ja auch anders sein. Gut, auch damit müsste ich mich abfinden. Aber man muss doch ein bisschen dankbar sein. Wir sind so undankbar. Wir haben alle unsere Sinne. Aber wenn einem Menschen hundert Franken fehlen, um Kaviar oder etwas anderes Unnötiges zu kaufen, dann schimpft er und findet das Leben scheußlich. Wir jammern über Kleinigkeiten und sehen nicht die großen Dinge, die uns geschenkt sind.

50

DER TRAUM, DER NACHDENKLICH MACHTE

Ein junger Mann bemühte sich, christlich zu leben. Doch dann und wann befielen ihn Zweifel, ob er auch auf dem richtigen »Kurs« sei. Eines Tages sagte er: »Wie gut wäre es, wenn mir der Herrgott – meinetwegen im Traum – ir-

gendwie zeigen würde, was ich total falsch mache; ich
möchte da eine Sicherheit haben.«

Und eines Nachts hatte er einen Traum: Der Herrgott
führte ihn nacheinander in zwei Zimmer. Das erste war
herrlich eingerichtet, und auf einem Tisch in der Mitte
des Zimmers lag eine beträchtliche Menge Geld. Das andere Zimmer sah recht ärmlich aus. Auch hier stand ein
Tisch, aber darauf lag nur sehr wenig Geld.

Während er noch überlegte, was das wohl bedeuten soll,
vernahm der junge Mann eine Stimme, die zu ihm sagte:
»Hier siehst du das Geld, das du bisher für bedürftige
Menschen ausgegeben hast. Im Raum nebenan war das
Geld, das du für deine Zwecke und Luxusdinge aller Art
verwendet hast.«

Bei diesen Worten erschrak der junge Mann. Im gleichen
Moment erwachte er.

Seitdem war er recht nachdenklich, wenn es darum ging,
sein Geld auszugeben.

51

PHARISÄER UND ZÖLLNER

Zwei Welten gingen hinauf zum Tempel, um zu beten.
Die »Erste« Welt, die Welt der Industrienationen, stellte
sich ganz vorne hin und sprach: »Ich danke dir, Gott, für
unsere gotischen Kathedralen und für unsere modernen
Pfarrzentren. Du weißt hoffentlich, was du an uns hast.
Wie gut, dass ich nicht so bin wie diese Hungerleiderin,
die ›Dritte‹ Welt. Sie liegt uns nur auf den Taschen und
schickt ihren Überfluss an Menschen als Asylanten in
unser Land. Ich gebe ja gerne meinen bescheidenen Bei-

trag für die Entwicklungshilfe. Doch was zu viel ist, ist zu viel!«

Die »Dritte« Welt aber blieb am Ausgang stehen. Sie wagte nicht einmal, die Augen zum Himmel zu erheben. Sie betete: »Ich preise dich, Gott, mit Liedern und Tänzen unserer Völker; ich rufe dich an mit deinen Namen, die uns unsere Vorfahren gelehrt haben. Ich vertraue auf dich, auch wenn ich dich nicht verstehe. Warum gibt es so viel Ungerechtigkeit? Warum so viel Hunger und Armut? Warum geht es uns nicht so gut wie der ›Ersten‹ Welt? Wenn ich gesündigt habe, so bitte ich: Gott, sei mir Sünder gnädig!« Und die »Dritte« Welt wagte kaum ihre Augen zu erheben.

Und siehe da! Die Hütten der Armen füllten sich mit Glanz. Die kleinen Holzkapellen konnten am Sonntag die Menschen nicht fassen. Alle teilten miteinander, was sie besaßen, und alle wurden satt.

In der »Ersten« Welt aber wurden die großen Kirchen immer leerer. Die Menschen, mit allen Errungenschaften der Technik ausgestattet, wurden immer einsamer. Die Zahl der Särge überstieg bei weitem die Zahl der Kinderwiegen. Erst starben die Bäume, dann die Menschen.

Als die »Erste« Welt merkte, dass sie sich von Gott und den Brüdern und Schwestern in der »Dritten« Welt abgewandt hatte, drehte sie sich um. Sie sah die »Dritte« Welt, und sie sah, dass sie jung war. Jung und schön. Sie war nur entstellt von Armut, Hunger und Krieg.

Die »Erste« Welt ging den langen Weg durch das Tempelschiff bis zur Tempeltür. Sie ging mit raschen, entschlossenen Schritten. Die »Dritte« Welt kam ihr zögernd entgegen. Dort, wo sie sich trafen, berührten sie sich zaghaft, fielen sich dann in die Arme und küssten sich: »Jetzt sind wir nicht mehr die ›Erste‹ und die ›Dritte‹ Welt. Wir sind ›Eine‹ Welt«, sagten sie froh. Und sie priesen Gott.

52

DAS ZAUBER-SENFKORN

Eine alte chinesische Legende erzählt von einer Frau, deren Sohn starb. In ihrem Kummer ging sie zu einem heiligen Mann und fragte ihn: »Welche Gebete und Beschwörungen kennst du, um meinen Sohn wieder zum Leben zu erwecken?«

Er antwortete ihr: »Bring mir einen Senfsamen aus einem Hause, das niemals Leid kennengelernt hat. Damit werden wir den Kummer aus deinem Leben vertreiben.«

Die Frau begab sich auf die Suche nach dem Zauber-Senfkorn. Auf ihrem Weg kam sie bald an ein prächtiges Haus, klopfte an die Tür und sagte: »Ich suche ein Haus, das niemals Leid erfahren hat. Ist dies der richtige Ort? Es wäre wichtig für mich.« Die Bewohner des Hauses antworteten ihr: »Da bist du an den falschen Ort gekommen«, und sie zählten all das Unglück auf, das sich jüngst bei ihnen ereignet hatte.

Die Frau dachte bei sich: »Wer kann diesen armen unglücklichen Menschen wohl besser helfen als ich, die ich selber so tief im Unglück bin?«

Sie blieb und tröstete sie.

Später, als sie meinte, genug Trost gespendet zu haben, brach sie wieder auf und sucht aufs Neue ein Haus ohne Leid. Aber wo immer sie sich hinwandte, in Hütten, in Palästen, überall begegnete ihr das Leid. Schließlich beschäftigte sie sich ausschließlich mit dem Leid anderer

Leute. Dabei vergaß sie ganz die Suche nach dem Zauber-Senfkorn, ohne dass ihr das bewusst wurde.

So verbannte sie mit der Zeit den Schmerz aus ihrem Leben.

53
DIE DREI BLUMENZWIEBELN

Vor vielen Jahren spürte eine betagte Gärtnerin, dass sie bald sterben würde. Unzählige Blumenzwiebeln hatte sie im Laufe ihres langen Lebens aufgezogen und zur Blüte gebracht. Aber wer würde ihre kleinen Zwiebeln in Zukunft pflegen? Wer würde sie zum Blühen bringen, wenn die Gärtnerin nicht mehr da war? Schweren Herzens beschloss die alte Frau, ihre drei kostbarsten Blumenzwiebeln zu verschenken.

Sie träumte, dem König die erste Zwiebel anzuvertrauen. Die zweite überreichte sie einer edlen Dame und die dritte Blumenzwiebel legte die Gärtnerin in die ausgestreckte Hand einer Bettlerin.

Als einige Monate verstrichen waren, sehnte sich die betagte Frau danach, ihre drei Blumenzwiebeln ein letztes Mal zu sehen.

Zuerst ging sie zum König. Dieser hatte zwar seinen besten Hofgärtner damit beauftragt, die Zwiebelpflanze mit einer speziellen Nährlösung zu düngen, aber zum Blühen hatte er sie bisher noch nicht gebracht.

Traurig verabschiedete sich die alte Frau und ging weiter.

Dann kam die Gärtnerin zum Haus der vornehmen Dame. Diese hatte die Blumenzwiebel in ihren Vorgarten gepflanzt und mit Ziersteinen umrandet. Aber leider hatte auch diese Zwiebelpflanze ihre Blüte nicht entfalten können.

Verstohlen wischte sich die Gärtnerin eine Träne aus den Augen und setzte ihren Weg fort. Sie haderte ein wenig darüber, dass es ihr nicht mehr möglich sein würde, ihr Lebenswerk fortzuführen; denn an den Ort, zu dem sie gerufen war, konnte sie nichts mitnehmen.

Lange suchte sie nach der Bettlerin, der sie die dritte Zwiebel anvertraut hatte. Schließlich fand sie diese am Fuße eines Hügels vor einer halb verfallenen Mauer. Das war der Lieblingsplatz der Bettlerin, und genau an diesem Ort hatte sie die Blumenzwiebel vergraben. Immer wieder war die Bettlerin hierhergekommen, hatte die Pflanze gegossen und ihr beim Wachsen zugesehen. Nun kniete sie vor der Pflanze und strich sanft über deren Blätter.

Genau in diesem Augenblick öffnete sich die Knospe der Zwiebelpflanze und gab den Blick auf eine herrliche Blüte frei.

Jetzt endlich war es der alten Gärtnerin möglich, alles Irdische zurückzulassen und zu sterben. Das Blühen der dritten Zwiebel hatte ihr Hoffnung gegeben, dass ein Teil von ihr weiterleben würde.

54
ÜBERFAHRT

Nur noch halb stand die Sonne über dem Horizont, als der Fährmann dreimal die Glocke anschlug. Groß und Klein, Dick und Dünn, Alt und Jung, Reich und Arm drängten aufs Boot. Doch zuerst musste jeder für die Überfahrt zahlen; dem wachsamen Alten entging keiner. Viele hielten ihre Münzen schon abgezählt in Händen wie solche, die sich auskennen. Einige suchten erst in ihren Taschen: lässig oder umständlich oder auch aufgeregt – keiner glich einem Zweiten.

Es gab aber auch welche, die offensichtlich kein Geld hatten; sie boten dem Fährmann Waren an: einen Henkelkorb mit frischen Kartoffeln der eine, ein Suppenhuhn ein anderer, eine Tasche voll Äpfel ein Dritter; einer versuchte es sogar mit einem Buch, und auch dieses Zahlungsmittel ließ der alte Fährmann gelten.

Jetzt nickte er dem letzten noch Wartenden zu. Der war ein nicht mehr junger Mann, der eine Flöte mit sich trug. Ohne das Instrument loszulassen, hielt er es dem Fährmann hin. »Mein einziger Besitz«, sagte er dabei leise. Der Fährmann nickte ein zweites Mal und ließ ihn wie die anderen aufs Boot gehen.

Die Strömung war noch nicht recht spürbar, da setzte der Fahrgast, der also noch nichts bezahlt hatte, seine Flöte an die Lippen und spielte. Und er spielte so schön, dass alle Unterhaltung auf dem Boot aufhörte und die vielen still dastanden und lauschten.

Für eine lange Viertelstunde wurde so aus dem Ärmsten unter allen der Reichste. Für diese eine Viertelstunde, die schier nicht mehr zu Ende ging, wurde aus dem Bettler ein König, der alle beschenkte.

GEBEUGT ODER MIT ERHOBENEM BLICK
DURCHS LEBEN?

In einem Land gab es einmal einen grausamen Herrscher, der in einem Anflug von Laune und Willkür allen Menschen verbot, in den Himmel zu schauen. Und weil sie abergläubisch waren, konnte er das Verbot mit dem Hinweis verschärfen: Sie würden sonst vom Blitz getroffen und tot umfallen.

Also gingen alle Menschen gebeugt. Sie gewöhnten sich an diese Haltung und empfanden es schließlich nicht mehr als schlimm, ängstlich und bedrückt zu leben.

Eines Tages spazierte ein Liebespaar Hand in Hand – bis das Mädchen stolperte und hinfiel. Als sie die Hand des Freundes ergriff, der ihr aufhelfen wollte, glitt ihr Blick zum Himmel und staunend sagte sie: »Der Himmel ist blau!«

Unwillkürlich blickte auch der Geliebte in den Himmel und bestätigte: »Tatsächlich, er ist blau!«

Im Nu verbreitete sich in der ganzen Stadt die Nachricht, dass der Himmel blau sei. Die einen hatten jetzt Angst, dass den Jungen der Blitz treffe, die anderen handelten: Soldaten kamen, um den jungen Mann zu erschießen, weil er das Verbot des Königs nicht beachtet hatte.

Als sie die Gewehre hoben, sah der Junge wieder nach oben. Da wurde ein Soldat neugierig und schaute zum Himmel. Da sahen plötzlich alle, die zum Schauspiel gekommen waren, nach oben, staunten und freuten sich.

Noch heute zeigt der Marktplatz ein Denkmal, auf dem ein Liebespaar zum Himmel schaut.

Ein Schüler war mit dem Erfolg seiner Übungen unzufrieden. Da erzählte der Meister ihm folgende Geschichte:

»Einem Schüler war als ständige Regel gesagt worden: Wer suchet, der findet, und wer anklopft, dem wird aufgetan. Eines Tages setzte er sich in den Kopf, die Wahrheit dieser Regel zu prüfen. Er ging an den Hof des Königs, und als man ihn wegen seiner Hartnäckigkeit endlich vorgelassen hatte, redete er gar nicht lange um den heißen Brei herum, sondern erbat freiweg die Tochter des Königs zur Gemahlin.

Wäre der König nicht ein so gütiger Herrscher gewesen, hätte er den Hitzkopf vielleicht wegen Majestätsbeleidigung einsperren lassen. So aber verlangte er von dem Jüngling, er sollte den kostbaren Ring wiederbringen, der seiner Tochter während einer Flusspartie im letzten Jahr ins Wasser gefallen war. Wenn er ihn wiederbrächte, sei die Hand seiner Tochter für ihn bestimmt.

Ermutigt durch diese Zusage, ging der Schüler ans Werk. Nur mit seinem Trinkbecher als Hilfsmittel machte er sich daran, den Fluss auszuschöpfen. Das tat er unverdrossen siebzig Tage lang, obwohl sich ihm der Erfolg nicht zeigen wollte. Die Fische im Fluss begannen unruhig zu werden. Sie kamen zusammen und hielten Rat. ›Was will denn der Mensch?‹, fragte der älteste der Fische. ›Den Ring der Prinzessin, der seit letztem Jahr im Schlamm des Flusses liegt.‹

›Ich rate euch dringend, liefert ihm den aus‹, empfahl der Alte, ›denn wenn er den unumstößlichen Willen und den festen Vorsatz hat, wird er eher den Fluss ausschöpfen, als von seinem Vorhaben abzulassen!‹

Die Fische fürchteten, aufs Trockene zu kommen, und warfen den Ring in den Becher des Schülers.

Freudestrahlend brachte er ihn dem König. Der war sehr überrascht und bewunderte, mit welcher Hartnäckigkeit der junge Mann sein Ziel verfolgt hatte. ›Gern halte ich mein Versprechen ein und gebe dir meine Tochter zur Frau.‹ Und sie feierten ein rauschendes Hochzeitsfest. Du siehst: Es kann viel, wer viel will!«, schloss der Meister.

57
DIE BLUME IN DER WÜSTE

Es war einmal eine kleine Blume, die stand mitten in der Wüste. Täglich wartete die kleine Blume auf einen Regentropfen. Immer hatte man ihr erzählt, wie wichtig und schön der Regen sei. Doch wenn es wirklich nach Regen roch, kamen die Geier und fingen alle Hoffnung ab. Mit Mühe hielt sich die kleine Blume im lockeren Boden und hatte einfach Angst. Angst vor der sengenden Hitze. Angst vor der Einsamkeit, Angst vor dem nächsten Sturm. Ein Kolibri sah ihre Traurigkeit und sagte dies den anderen Tieren weiter.

Der Stier hatte kein Interesse. Für ihn galt nur, was stark ist. Auch der Bernhardiner blieb kalt, ihn rührte nichts. Sein Hobby war die Langeweile. Und die Elster, die immer so große Töne schwang, sagte, sie habe zu viele Termine und wirklich keine Zeit.

Da war der Kolibri verzweifelt; denn was sollte er, ausgerechnet der kleinste unter den Vögeln, tun?

Da schwirrte er kurz entschlossen zu den Ameisen und berichtete ihnen von den großen Traurigkeiten der Blume. Ohne zu zögern, bildeten die kleinen Tiere eine lange Kette, schleppten Grassamen und Früchte bis an die Wurzel des Kummers, benetzten alles ein wenig mit Tau, und es dauerte nicht lange: da wuchs Leben mitten in der Wüste, und die kleine Blume entwickelte sich zu einem strahlenden Glanz, den ihr niemand zugetraut hatte.

Und alles war nur möglich, weil der Kolibri die Ameisen benachrichtigt hatte.

Träume, die den Himmel berühren

58
GOTT TRÄUMT DEN MENSCHEN

Gott hatte einen Traum. Er träumte die Schöpfung. Und er schuf sie.

Er schuf den Himmel und die Erde, die Blumen und Gräser, die Bäume und Wälder, die Berge und Hügel, die Flüsse und das Meer, die Fische und Vögel, die Insekten und die Säugetiere.

Aber es fehlte Gott etwas an seinem Traum: Da träumte er den Menschen, der nach seinem Bild und Gleichnis geschaffen ist. Er schuf den Menschen als Mann und Frau. Doch der Mensch verdunkelte das Bild, das Gott sich von ihm gemacht hatte. Er entfremdete sich von Gott. Er lief vor Gott davon, aber auch vor sich selber. Er trennte sich von seinem eigenen Ursprung. Er lebte nicht vor Gott, sondern versteckte sich vor ihm. Er verkrümmte sich in sich selbst. Er verschloss die Türen seines Herzens und ließ Gott nicht mehr bei sich eintreten. Er gab nicht nur die Gemeinschaft mit Gott auf, sondern wandte sich auch gegen sich selbst und gegen seine Brüder und Schwestern. Er geriet auf Abwege, verstrickte sich im Dickicht seiner eigenen Lügen.

Da träumte Gott seinen Traum von Neuem: Er träumte, wie der Mensch eigentlich gedacht war. Und er verwirklichte seinen Traum, indem er einen neuen Anfang setzte. Er ließ seinen eigenen Sohn, das Bild seiner Herrlichkeit, Mensch werden. »Der Einzige, der Gott ist und am Herzen des Vaters ruht« (Joh 1,18), er sollte Mensch werden und das Urbild des Menschen wiederherstellen. Er sollte den Menschen vor Augen führen, wie sie sein könnten, wenn sie aus der Einheit mit Gott heraus lebten.

Er sollte sie an ihren göttlichen Ursprung erinnern, an den göttlichen Kern, den sie noch in sich trugen, aber den sie durch ihre Sünde verdunkelt hatten.

An Weihnachten feiern wir den Traum Gottes, wie er in Jesus Christus sichtbar geworden ist. Wir feiern den Menschen, wie er in seinem reinen Wesen in Jesus aufgeleuchtet ist.

59
DER WUNDERBARE TRAUM

Einmal hatte ich einen wunderbaren Traum: Ich saß hoch oben am Himmel, umgeben von einem sehr schönen Blau, das ich mit Worten gar nicht beschreiben kann. Ich saß und schaute dieses wundervolle Blau in meine Seele. Aber nach und nach erkannte ich, dass in dieser Höhe keine dauerhafte Bleibe für mich sei. Tief unten und weit weg sah ich eine dunkle Ansammlung von Häusern. Mir schwindelte vor dem Abgrund, der unermesslichen Tiefe; doch die Befürchtung, von ganz oben nach unten herunterzumüssen, wurde zur immer größeren Gewissheit. Angst vor dem Fallen, vor dem Abstürzen überfiel mich, und ich suchte verzweifelt nach einem Halt.

Doch das Blau war ohne Griff und ohne Boden. Jeder Blick nach unten bestätigte mir: Ich hatte so gut wie keine Überlebenschance. Irgendwann würde ich da unten aufschlagen, bis zur Unkenntlichkeit zerschmettert.

Da erinnerte ich mich, dass es in meinem Leben doch immer Gott gegeben, an den ich geglaubt hatte. Wenn dieser Glaube überhaupt einen Sinn habe, dann doch jetzt. Meine Klage wandelte sich in Zuversicht, dass nur Gott mir noch helfen könne. Mein Beten vermittelte mir zusehends ein Gefühl von Sicherheit, und langsam kehrte Ruhe in mir ein. Solchermaßen gefasst, war ich bereit und lehnte mich einverstanden und entschlossen zurück.

Wider Erwarten begann kein haltloser Absturz; ich erlebte nur ein ganz sanftes, sachtes Abwärtsgleiten. Ich spürte deutliches Gehalten-Werden wie von unsichtbaren Händen, aus denen ich nicht herausfallen würde. Da überkam mich eine unbändige Freude und ein riesengroßes Gefühl der Dankbarkeit. Und ich wusste, dass der Gott, an den ich so fest glaubte, seine Zusage an den Menschen in jedem Falle einhält.

Einer, der sich in den Bergen auskannte und oft die höchsten Almen hinter sich gelassen hatte, erzählte am Kamin, dass in einem der Berge ganz oben eine Tür sei. Nur wenigen gelänge es, sie zu bewegen. Wer sie aber auch nur einen Spaltbreit öffnen könne, bekäme ein Stückchen des himmlischen Paradieses zu sehen.

Nach einem Augenblick schweigenden Staunens brach ein Teil der Leute, die zugehört hatten, in schallendes Gelächter aus. »Erzähl uns keine Märchen!«, rief einer. »Weißt du nichts Vernünftigeres zu berichten?«, fragte ein anderer.

Einige aber waren still geworden und schauten ins Feuer. Von denen trafen sich welche am anderen Tag, um den Aufstieg in die Berge zu wagen. Der Weg strengte an. Der Anstieg kostete Mühe. »Vielleicht ist es doch nicht wahr. Wie kann in einem Berg eine Tür sein?«, sagte ein Junger und kehrte um. »Vielleicht lohnt der Versuch«, meinte ein anderer und schätzte die gewonnene Höhe ab.

Weiter oben kamen sie an eine Quelle, deren Wasser sie erfrischte und belebte. Eine Familie war mit ihrem fröhlich springenden Kind aufgebrochen. Obgleich die Eltern sein geringes Gepäck trugen, wurden seine Schritte langsamer und sein Gesicht ernster. Doch weil die Eltern nicht aufgaben, hielt auch das Kind durch.

Irgendwann standen sie wirklich staunend vor der Tür, die ihre Hoffnung gewesen war. Aber sie ließ sich nicht öffnen.

»Nach diesem Aufstieg steht es mir zu, dahinterzuschauen!«, schrie einer und trat mit aller Wucht gegen die

Klinke. Doch die Tür rührte sich nicht. »Vielleicht ist gar nichts dahinter, und es lohnt nicht, sie zu öffnen«, sagte eine Frau. »Warum sind wir dann aufgestiegen?«, fragte ein Jugendlicher und hämmerte gegen das Schloss.

Während die jungen Eltern überlegten, was zu tun wäre, trat das Kind an die Tür und legte seine kleinen Hände auf die Fläche. Da gab die Tür nach, und die Menschen wurden umflutet von gleißendem Licht und wohltuender Wärme. Im Widerschein erkannten sie Bäume, die Blüten und Früchte gleichzeitig trugen. Eine Fülle von Musik schwang ihnen entgegen, und ein Spiel von Farben im Licht blendete sie.

Ganz langsam schloss sich die Tür wieder vor ihren Augen. Die Menschen standen noch lange da und schauten auf das, was sich ihnen wieder entzogen hatte. Schweigend machten sie sich auf den Heimweg.

Wer würde ihnen glauben, was sie erlebt hatten?

61

DIE DREI SCHLÜSSEL ZUM HIMMEL

Es lebte einmal ein großer, reicher König zu einer Zeit, in der noch alle Menschen den hohen Berg kannten, auf dessen Gipfel die Tore des Himmels gebaut sind. Bei all seinem Reichtum sehnte sich der König danach, auch die Schlüssel zu den Toren des Himmels zu besitzen; aber keiner konnte sie ihm bringen. Eines Tages sagte ihm ein weiser Mann: »Alle Schätze der Erde kann man geschenkt bekommen, aber die Schlüssel zum Himmel muss jeder selbst suchen.«

Da stieg der König selber auf den steilen Berg bis vor die Tore des Himmels und sagte dem Engel, dem Hüter vor Gottes ewigem Garten: »Ich finde keine Ruhe, bis ich nicht die Schlüssel zum Himmel besitze.«

Der Engel lächelte und antwortete: »Auf der Erde blühen viele Tausend Himmelsschlüssel, die von Menschen zertreten werden. Wenn du die richtigen drei findest, die nur zu deinen Füßen und für dich aufblühen, kannst du die Tore des Himmels aufschließen.«

Viele Jahre suchte der König und zertrat keinen Himmelsschlüssel, doch nie blühte eine dieser Blumen vor seinen Füßen auf.

Eines Tages bettelte ihn ein schmutziges Mädchen an, das weder Vater noch Mutter hatte. Das Hofgesinde wollte das verwahrloste Kind zur Seite drängen, der König aber setzte es zu sich aufs Pferd. In seinem Schloss ließ er es speisen und kleiden und pflegen. Da blühte zu seinen Füßen ein kleiner, goldener Himmelsschlüssel auf. Und der König ließ die Armen und Kinder im Reich zu seinen Brüdern und Schwestern erklären.

Wieder vergingen Jahre. Da erblickte der König auf einem Ritt durch den Wald einen sehr kranken Wolf. Die Höflinge wollten ihn verenden lassen, er aber trug ihn in seinen Palast und pflegte ihn selbst gesund. Und der Wolf wich nie mehr von seiner Seite. Da blühte ein zweiter goldener Himmelsschlüssel zu seinen Füßen auf. Der König aber ließ von nun alle Tiere in seinem Reich zu Brüdern und Schwestern erklären.

Wieder vergingen einige Jahre. Da spazierte der König in seinem herrlichen Garten mit den seltensten Blumen. Und er erblickte am Wegrand eine kleine, unscheinbare Pflanze, die nahe dran war zu verdursten. »Ich will ihr

Wasser bringen«, sagte der König. Doch der Gärtner wollte ihn hindern: »Es ist Unkraut; ich will es ausreißen und verbrennen; es passt nicht in diesen königlichen Garten!« – Der König aber holte Wasser und die Pflanze begann wieder zu atmen und zu leben.

Da blühte der dritte Himmelsschlüssel zu des Königs Füßen auf, und das Bettelmädchen und der Wolf standen dabei. Der König aber sah auf dem steilen Berge die Tore des Himmels weit, weit geöffnet.

Auch heute blühen diese drei Himmelsschlüssel noch, und sie leuchten heller und schöner als alle Edelsteine und Blumen der Welt.

62
ZEITGUTSCHEINE

Es war einmal ein Mann, der sich durch nichts von seinen Mitmenschen unterschied. Wie die meisten lebte er mehr oder weniger gedankenlos vor sich hin.

Eines Tages aber sprach ihn ein Unbekannter an und fragte, ob er »Zeitgutscheine« wolle. Weil der Mann gerade nichts zu tun hatte und ohnehin eine gewisse Langweile spürte, ließ er sich auf ein Gespräch ein und wollte wissen, was denn diese Zeitgutscheine seien. Statt einer Antwort zog der Unbekannte ein Bündel verschieden großer Scheine hervor, die wie Banknoten und doch ganz anders aussahen: »Deine Lebenszeit«, erklärte der geheimnisvolle Fremde kurz. »Wenn du alle Gutscheine angelegt hast, ist es Zeit zu sterben.«

Bevor der überraschte Mann eine Frage stellen konnte, war der andere verschwunden. Neugierig und erstaunt blätterte der Alleingelassene in dem Bündel. Zuerst kam ihm der Gedanke, die genaue Dauer seines Lebens zu errechnen, und ihn schauderte, als er die Zahl der Jahre und Tage vor sich hatte. Dann begann er eine Einteilung zu überlegen und machte kleine Stöße von Scheinen entsprechend seinen Absichten. Zwar wollte er für Kegelabende und Fernsehen eine große Zahl von Stunden-Scheinen bereitlegen, musste aber zu seinem Bedauern bald feststellen, dass allein durch Essen und Schlafen eine unglaubliche Menge von vornherein gebunden war. Tagelang war er damit beschäftigt, seine Zuwendungen an Lebenszeit immer neu zusammenzustellen, um sie bestmöglich zu nützen. Jedes Mal, wenn jemand ihn dabei störte oder gar etwas von ihm wollte, sah er im Geiste einen seiner kostbaren Scheine verloren gehen und sagte nein; seine Zeit hatte er nicht zu verschenken!

So wachte er eifersüchtig und geizig über die Gutscheine. Als ihm endlich eine perfekte Widmung der Stunden, Tage und Jahre gelungen zu sein schien, war plötzlich der Unbekannte wieder da: Ob er denn von Sinnen sei, fragte er, nahm einen der Scheine, drehte ihn um und hielt ihn dem erstaunten Mann vor die Augen. Zum ersten Mal entdeckte dieser einen Hinweis auf der Rückseite, dass die Zeitgutscheine in Ewigkeit umgewandelt werden können. Wer sie jedoch nicht in diesem Sinne umsetze, verspiele sein Leben.

Aber da war der Fremde auch schon wieder verschwunden und der Mann neuerlich allein mit einem erregenden Geheimnis.

Auf welche Weise war der begrenzte Schatz an Zeit in grenzenlose Ewigkeit zu verwandeln?

63
WO HIMMEL UND ERDE SICH BERÜHREN

Es waren zwei Mönche, die lasen miteinander in einem alten Buch, am Ende der Welt gebe es einen Ort, an dem der Himmel und die Erde sich berühren.

Sie beschlossen, ihn zu suchen und nicht umzukehren, ehe sie ihn gefunden hätten.

Sie durchwanderten die Welt, bestanden unzählige Gefahren, erlitten alle Entbehrungen, die eine Wanderung durch die ganze Welt fordert, und alle Versuchungen, die einen Menschen von seinem Ziel abbringen können.

Eine Tür sei dort, so hatten sie gelesen, man brauche nur anzuklopfen und befinde sich bei Gott.

Schließlich fanden sie, was sie suchten, sie klopften an die Tür, bebenden Herzens sahen sie, wie sie sich öffnete, und als sie eintraten, standen sie – zu Hause in ihrer Klosterzelle.

Da begriffen sie: Der Ort, an dem Himmel und Erde sich berühren, befindet sich auf dieser Erde; an der Stelle, die uns Gott zugewiesen hat.

64
BRÜCKEN BAUEN

»Du hast einen schönen Beruf«, sagte das Kind zum alten Brückenbauer, »es muss sehr schwer sein, Brücken zu bauen.«

»Wenn man es gelernt hat, ist es leicht«, sagte der alte Brückenbauer, »es ist leicht, Brücken aus Beton und Stahl zu bauen. Die anderen Brücken sind viel schwieriger«, sagte er, »die baue ich in meinen Träumen.«

»Welche anderen Brücken?«, fragte das Kind.

Der alte Brückenbauer sah das Kind nachdenklich an. Er wusste nicht, ob das Kind es verstehen würde. Dann sagte er: »Ich möchte eine Brücke bauen – von der Gegenwart in die Zukunft. Ich möchte eine Brücke bauen von einem zum anderen Menschen, von der Dunkelheit in das Licht, von der Traurigkeit zur Freude. Ich möchte eine Brücke bauen von der Zeit in die Ewigkeit, über alles Vergängliche hinweg.«

Das Kind hatte aufmerksam zugehört. Es hatte nicht alles verstanden, spürte aber, dass der alte Brückenbauer traurig war. Weil es ihn wieder froh machen wollte, sagte das Kind: »Ich schenke dir meine Brücke.«

Und das Kind malte für den Brückenbauer einen bunten Regenbogen.

65
SPUREN IM SAND

Eines Nachts hatte ich einen Traum:

Ich ging am Meer entlang mit meinem Herrn. Vor dem dunklen Nachthimmel erstrahlten, Streiflichtern gleich, Bilder aus meinem Leben.

Und jedes Mal sah ich zwei Fußspuren im Sand, meine eigene und die meines Herrn. Als das letzte Bild an meinen Augen vorübergezogen war, blickte ich zurück. Ich erschrak, als ich entdeckte, dass an vielen Stellen meines Lebensweges nur eine Spur zu sehen war. Und das waren gerade die schwersten Zeiten meines Lebens.

Besorgt fragte ich den Herrn: »Herr, als ich anfing, dir nachzufolgen, da hast du mir versprochen, auf allen Wegen bei mir zu sein. Aber jetzt entdecke ich, dass in den schwersten Zeiten meines Lebens nur eine Spur im Sand zu sehen ist. Warum hast du mich allein gelassen, als ich dich am meisten brauchte?«

Da antwortete er: »Mein liebes Kind, ich liebe dich und werde dich nie allein lassen, erst recht nicht in Nöten und Schwierigkeiten. Dort, wo du nur eine Spur gesehen hast, da habe ich dich getragen.«

66
UNERSCHÜTTERLICHE HOFFNUNG
AUF DEN HIMMEL

Vor langer Zeit lebte in Nordchina ein alter Mann. Sein Haus zeigte nach Süden und vor seiner Haustüre ragten die beiden großen Gipfel des Taihung und des Wangwu empor. Sie versperrten den Weg nach Süden.

Entschlossen machte sich der Alte mit seinen Söhnen an die Arbeit: Sie wollten die Berge mit der Hacke abtragen. Der Nachbar des alten Mannes sah das und schüttelte den Kopf. »Wie närrisch ihr doch seid«, rief er, »es ist vollkommen unmöglich, dass ihr die gewaltigen Berge abtragen könnt!«

Der alte Mann lächelte weise, dann sagte er: »Wenn ich sterbe, dann werden meine Söhne weitermachen. Wenn meine Söhne sterben, werden die Enkel weitermachen. Die Berge sind zwar hoch, aber sie wachsen nicht weiter. Unsere Kräfte jedoch können wachsen. Mit jedem Stückchen Erde, das wir abtragen, kommen wir unserem Ziel näher. Es ist besser, etwas zu tun, als darüber zu klagen, dass uns die Berge die Sicht auf die Sonne nehmen.«

Und in unerschütterlicher Überzeugung grub der Alte weiter. Das rührte Gott. Er schickte zwei seiner Boten auf die Erde, die beide Berge auf dem Rücken davontrugen.

67
WAS IM HIMMEL ZÄHLT

Eine russische Legende erzählt: Ein reicher Mann dachte auch im Sterben nur an das, woran er sein Leben lang gedacht hatte: an sein Geld. Mit letzter Kraft löste er den Schlüssel vom Band, das er am Hals trug, winkte der Magd, deutete auf die Truhe neben seinem Lager und befahl, ihm den großen Beutel Geld in den Sarg zu legen.

Im Himmel sah er dann einen langen Tisch, auf dem die feinsten Speisen standen. »Sag, was kostet das Lachsbrot?«, fragte er.

»Eine Kopeke«, wurde ihm geantwortet.

»Und die Sardine?«

»Gleich viel.«

»Und diese Pastete?«

»Alles eine Kopeke.«

Er schmunzelte: Billig, dachte er, herrlich billig! Und er wählte sich eine ganze Platte aus.

Aber als er mit einem Goldstück bezahlen wollte, nahm der Verkäufer die Münze nicht.

»Alter«, sagte er und schüttelte bedauernd den Kopf, »du hast wenig im Leben gelernt!«

»Was soll das?«, murrte der Alte. »Ist mein Geld nicht gut genug?«

Da hörte er die Antwort: »Wir nehmen hier nur das Geld, das einer *verschenkt* hat.«

68
DER MENSCH SCHAUT ZUM HIMMEL

Als Gott die Welt schuf, fragte er die Tiere nach ihren Wünschen. Er hörte sie alle an und erfüllte ihre Wünsche.

Als die Menschen davon erfuhren, wurden sie unwillig, weil sie nicht gefragt wurden. »Wir können mit dieser deiner Welt nicht zufrieden sein!«, stellten sie hart und unmissverständlich fest.

»Das sollt ihr auch nicht«, erwiderte Gott. »Eure Heimat ist nicht diese Erde, nur die Überraschungen der Ewigkeit allein.«

Seitdem, so schließt die Legende, tragen die Tiere ihre Augen zur Erde, der Mensch aber geht aufrecht und schaut zum Himmel.

69
DAS ZWIEBELCHEN

Es lebte einmal eine alte Frau, die war sehr böse und starb. Diese Alte hatte in ihrem Leben keine einzige gute Tat vollbracht. Da kamen denn die Teufel, ergriffen sie und warfen sie in den Feuersee. Ihr Schutzengel aber stand da und dachte: »Kann ich mich denn keiner einzigen guten Tat von ihr erinnern, um sie Gott mitzuteilen?« Da fiel ihm etwas ein, und er sagte zu Gott: »Sie hat einmal in ihrem Gemüsegärtchen ein Zwiebelchen herausgerissen und es einer Bettlerin geschenkt.«

Und Gott antwortete dem Schutzengel: »Dann nimm eben dieses Zwiebelchen und halte es ihr hin in den See, so dass sie es zu ergreifen vermag. Und wenn du sie daran aus dem See herausziehen kannst, so möge sie ins Paradies eingehen; wenn aber das Pflänzchen abreißt, so soll sie bleiben, wo sie ist.«

Der Engel lief zur Frau und hielt ihr das Zwiebelchen hin: »Hier«, sagte er zu ihr, »fass an, wir wollen sehen, ob ich dich herausziehen kann!« Und er begann vorsichtig zu ziehen – und hatte sie beinahe schon ganz herausgezogen, aber da bemerkten es die anderen Sünder im See, und wie sie das sahen, klammerten sie sich alle an sie, damit man auch sie mit ihr zusammen herauszöge.

Aber die Frau war böse, sehr böse und stieß sie mit den Füßen zurück und schrie: »Nur mich allein soll man herausziehen und nicht euch, es ist *mein* Zwiebelchen und nicht eures.«

Wie sie aber das ausgesprochen hatte, riss das kleine Pflänzchen entzwei. Und die Frau fiel in den Feuersee zurück und brennt noch bis auf den heutigen Tag.

Der Engel aber weinte und ging davon.

Wer darf aber nicht mit großer Zuversicht dem Tag der Entscheidung entgegensehen, wenn er viele »Zwiebelchen« im Leben verschenkt hat?!

DER TRAUM DER RAUPE VOM FLIEGEN

Es war einmal eine garstige, grüne Raupe, die den ganzen Tag damit verbrachte, alle Blätter zu fressen, die sie erreichen konnte. Eine Schnecke kroch hinzu und ärgerte sich: »Du unverschämter, dicker Fettwanst, gibt es nicht genug Blätter? Musst du jetzt auch noch von dem nagen, an dem ich gestern angefangen habe?« Die Raupe gab frech zur Antwort: »Das war gestern. Heute war ich zuerst hier. Wer zuerst kommt, frisst zuerst.«

»Unverschämt, ich sage der Amsel Bescheid, dass sie dich holen soll; die hat fünf hungrige Kinder im Nest!«, schimpfte die Schnecke und rutschte böse weiter.

Bald danach kam ein Marienkäfer vorbei. »Igitt, bist du hässlich«, schüttelte er sich. »Sieh mal meine hübschen roten Flügel an!«

»Ein bisschen Bescheidenheit täte dir gut«, gab die Raupe zurück, »aber du bist wirklich schön. Manchmal träume ich davon, nicht mehr diesen wahnsinnigen Hunger zu haben. Dann wünsche ich mir: Könnte ich doch fliegen und bräuchte nicht mehr mühsam über Blätter, Stängel und Wege zu kriechen.«

»Träume sind wie Seifenblasen, sie zerplatzen«, lächelte der Marienkäfer und flog davon. Traurig blickte ihm die Raupe nach.

Auf einmal flatterte ein wunderschöner Schmetterling herab, setzte sich auf eine Blüte, dicht neben die Raupe, und fragte: »Warum bist du so traurig? Bemerkst du nicht den Sonnenschein und die schönen Blüten um dich herum?«

»Ach«, seufzte die Raupe, »danke, dass du so freundlich zu mir sprichst, aber ich habe immer einen so großen Hunger, dass ich nicht anders kann als fressen.«

Da klappte der Schmetterling seine schönen Flügel auf und zu und flüsterte: »Verlass dich auf die Sonne. Einmal werden dir auch Flügel wachsen und deine Stummelfüße fallen ab. Du musst nur geduldig warten und darfst nicht den Mut verlieren.«

Die Raupe hörte dem Schmetterling zu und wurde so müde, dass sie gerade noch »danke« sagen konnte. Dann spann sie langsam einige Fäden um sich und schlief ein. Ihr letzter Gedanke war: »Ob meine Träume wohl wahr werden, dass ich einmal fliegen kann, und alles wird viel schöner und leichter?«

Als sie wieder erwachte, war sie ein wunderschöner Schmetterling geworden.

71

LIBELLENLARVE UND BLUTEGEL

Eine Fabel erzählt das Gespräch zwischen einer Libellenlarve, die immer wieder den unwiderstehlichen Drang nach oben hat, um neue Luft zu schöpfen, und einem Blutegel, der sagt: »Hab ich vielleicht jemals das Bedürfnis nach dem, was du Himmelsluft nennst?«

»Ach«, erwiderte die Libellenlarve, »ich hab nun einmal die Sehnsucht nach oben. Ich versuchte auch schon einmal, an der Wasseroberfläche nach dem zu schauen, was darüber ist. Da sah ich einen hellen Schein, und merkwürdige Schattengestalten huschten über mich hinweg. Aber meine Augen müssen wohl nicht geeignet sein für das, was über dem Teich ist. Aber wissen möcht ich's doch!«

Der Blutegel krümmte sich vor Lachen: »O du phantasievolle Seele, du meinst, über dem Tümpel gibt es noch was? Lass doch diese Illusionen. Glaub mir als einem erfahrenen Mann: Ich hab den ganzen Tümpel durchschwommen. Dieser Tümpel ist die Welt – und die Welt ist ein Tümpel. Und außerhalb dessen ist nichts!«

»Aber ich hab doch den Lichtschein gesehen und Schatten!?«

»Hirngespinste! Was ich fühlen und betasten kann, das ist das Wirkliche«, erwiderte der Blutegel.

Aber es dauerte nicht lange, bis sich die Libellenlarve aus dem Wasser herausschob, Flügel wuchsen ihr, goldenes Sonnenlicht und blauer Himmelsschein umspülten sie, und sie schwebte schimmernd über den niedrigen Tümpel davon.

GESCHICHTE VOM ZEISIG UND VON DER RAUPE

Ein winziger Zeisig flog auf einen dünnen Ast und schaute sich um. Eine Raupe kroch langsam vor ihm auf einen Stängel, an dem frische Blätter hingen.

»Hallo, Raupe«, sagte der winzige Zeisig, »wie geht's denn so?«

»Siehst du doch«, sagte die Raupe, »ich futtere.«

»Schmeckt's?«, fragte der winzige Zeisig.

»Und wie«, sagte die Raupe, »um die Zeit sind die Blätter am leckersten.«

»Und was planst du so für die Zukunft?«, fragte der Zeisig.

»Zukunft? Ich kenne keine Zukunft. Ich krieche und futtere; das ist alles.«

»Niemand kann nur fürs Kriechen und Futtern leben«, sagte der Zeisig.

»Du hast gut reden; du fliegst und kommst überall hin.«

»Weißt du was, Raupe?«, sagte der Zeisig,

»Nee!« –

»Du wirst eines Tages auch fliegen.«

»Ich?«

»Ja – du!«

»Jetzt hör mal gut zu«, sagte die Raupe. »Ich habe 32 Beine. Damit komme ich an Ästen und Stängeln gut zurecht. Aber nur, wenn ich mit meinen Beinen schön auf dem Stängel bleibe. Wenn ich mich loslasse: sofort freier Fall – und dann kann ich unten im Gras von vorne anfangen. Nee – fliegen ist bei mir nicht drin.«

»Hör mir doch mal ein paar Augenblicke zu, ohne gleich dazwischenzureden«, sagte der Zeisig.

»Okay, wenn es dir Spaß macht – und wenn ich dabei futtern kann!«

»Also«, sagte der Zeisig, »eines Tages wirst du anfangen, Fäden um dich herum zu ziehen. Die sind zuerst ganz weich, dann werden sie hart. Das geht so lange, bis du von den Fäden eingesponnen bist. Ja – du spinnst dich total ein.«

Da sagte die Raupe: »Ich glaube, Zeisig, du sitzt zu oft auf Fensterbänken von Leuten, die viel Fernsehen gucken. Wenn einer von uns beiden spinnt, dann bist du es. ›Ich spinne mich ein!!‹ So einen Quatsch habe ich noch nie gehört!«

»Du wolltest doch zuhören«, sagte der Zeisig.

»Ist ja gut, ich bin ja schon ganz Ohr.«

»Wenn du dich dann ganz eingesponnen hast«, fuhr der Zeisig fort, »dann wirst du sehr müde, du vergisst die leckeren Blätter, du vergisst deine 32 Beine, du vergisst Stängel und Äste, du vergisst alles – und dann weißt du auf einmal überhaupt nichts mehr. Und in dem Moment kommt ein ganz neues Leben in dich. Du spürst, wie du dich veränderst. Die Schale, die du aus den Fäden um dich gesponnen hast, bricht auf und langsam bewegst du dich aus der Schale heraus, ganz langsam. Du siehst ganz anders aus, aber du bist immer noch du selbst. Statt der 32 Stummelbeine hast du jetzt ganz lange Beine; auf deinem Rücken spürst du hauchdünne Flügel, die sind herrlich bunt. Die falten sich jetzt auseinander. Du bewegst die Flügel. Du spürst, du kannst fliegen. Du bist immer noch du selbst. Aber du bist keine Raupe mehr. Du bist jetzt ein Schmetterling. Du schlägst mit den Flügeln und fliegst davon.«

Die Raupe hatte längst aufgehört zu futtern. So hatte noch nie jemand mit ihr gesprochen. Lange sagte die Raupe gar nichts. Dann sagte sie: »Also – wenn das wahr ist, was du da gesagt hast, dann ist das das Schönste, was es gibt. Und wenn das nicht wahr ist?«

»Es ist ja wahr!«, sagte der Zeisig. »Es passiert ja jedes Jahr Millionen Mal auf Millionen Ästen und Stängeln. Wenn das nicht wahr wäre, gäbe es keine Schmetterlinge.«

Da sagte die Raupe: »Weißt du was? Wenn ich mich dann verwandelt habe – wie du sagst – und wenn ich dann ein Schmetterling geworden bin, dann suche ich dich – und dann fliege ich zu dir und geb' dir ein Küsschen!«

»Mach das«, sagte der Zeisig, »aber ganz vorsichtig!«

Ein Sohn schreibt: Nachdem meine Mutter in wenigen
Monaten an Krebs gestorben war, hatte ich wochenlang
schreckliche Träume, in denen ich das Furchtbare dieser
Krankheit nochmals durchlitt.

Einige Monate später aber hatte ich folgenden Traum: In
aller Deutlichkeit sah ich meine Mutter auf dem Balkon,
wie sie Blumen goss. Ganz erschrocken fragte ich sie, was
sie denn da mache, sie sei doch tot.

Mit kraftvollen Augen schaute sie mich an und erwiderte
mir: »Ich bin doch da!«

Leibhaftig habe ich ihre Nähe gespürt – und das Blumen-
gießen war mir ein Bild von der Leben spendenden Kraft,
die ich über ihren Tod hinaus erfuhr.

Ein Reicher kam zum Sterben. Auch sein armer Nachbar
starb, den er kaum von Ansehen kannte. Beide gelangten
vor das große Tor.

Ein weißhaariger Alter öffnete, grüßte freundlich und
sagte: »Ihr dürft euch alles wünschen, damit ihr glücklich werdet.«

Da wusste der Reiche Bescheid: »Ein schönes Haus mit
Garten, strotzende Gesundheit, noch mehr Geld als früher, so viel Sex wie möglich, Essen und Trinken nach Her-
zenslust, tun und lassen können, was man will.« Ohne

seinen Nachbarn auch nur noch anzusehen, rannte er in sein Glück.

Zunächst war es schöner, als er es sich erträumt hatte.

Aber die Zeit verging, sehr viel Zeit, sie hatte überhaupt kein Ende mehr. Alles wurde zur Gewohnheit und rief schließlich Gleichgültigkeit, ja Ekel hervor. Er versuchte, seine Welt zu verlassen, aber überall stieß er an unsichtbare Wände.

Schließlich begegnete ihm der alte Mann: »Wie langweilig ist doch euer Himmel«, schrie er ihn an.

»Du irrst dich«, antwortete der Alte, »du bist nicht im Himmel. Das hier ist die Hölle. Jeder bekommt das Glück, das er sich ausgesucht hat, und muss dann damit leben. Dein armer Nachbar war nicht mit so kleinen Dingen zufrieden wie du. Er ist glücklich geworden.«

75

DER HIMMEL

Es war einmal ein kleiner Heiliger, der hatte viele Jahre ein glückliches und zufriedenes Leben geführt. Als er eines Tages gerade in der Klosterküche beim Geschirrabwaschen war, kam ein Engel zu ihm und sprach: »Der Herr schickt mich zu dir und lässt dir sagen, dass es an der Zeit für dich sei, in die Ewigkeit einzugehen.«

»Ich danke dem Herrgott, dass er sich meiner erinnert«, erwiderte der kleine Heilige. »Aber du siehst ja, was für ein Berg Geschirr hier noch abzuwaschen ist. Ich möchte nicht undankbar erscheinen, aber lässt sich das mit der Ewigkeit nicht noch so lange hinausschieben, bis ich hier fertig bin?«

Der Engel blickte ihn nach Engelsart weise und huldvoll an. Er sprach: »Ich werde sehen, was sich tun lässt«, und verschwand.

Der kleine Heilige wandte sich wieder seinem Geschirr-berg zu und danach auch noch allen möglichen anderen Dingen.

Eines Tages machte er sich gerade mit einer Hacke im Garten zu schaffen, da erschien auf einmal wieder der Engel. Der Heilige wies mit der Hacke gartenauf und gar-tenab und sagte: »Sieh dir das Unkraut hier an! Kann die Ewigkeit nicht noch ein bisschen warten?« Der Engel lä-chelte und verschwand abermals. Der Heilige jätete den Garten fertig, dann strich er die Scheune. So werkte er fort und fort, und die Zeit ging dahin …

Eines Tages pflegte er im Hospital die Kranken. Er hatte eben einem fiebernden Patienten einen Schluck kühlen Wassers eingeflößt, da sah er, als er aufblickte, wieder den Engel vor sich.

Dieses Mal breitete der Heilige nur mitleidheischend die Arme aus und lenkte mit den Augen die Blicke des Engels von einem Krankenbett zum anderen. Der Engel ver-schwand ohne ein Wort.

Als der kleine Heilige sich an diesem Abend in seine Klos-terzelle zurückzog und auf sein hartes Lager sank, sann er über den Engel nach und über die lange Zeit, die er ihn nun schon hingehalten hatte. Mit einem Mal fühlte er sich schrecklich alt und müde, und er sprach: »O Herr, könntest du deinen Engel doch jetzt noch einmal schi-cken, er wäre mir sehr willkommen.«

Kaum hatte er geendet, stand der Engel schon da …

»Wenn du mich noch nimmst«, sagte der Heilige, »so bin ich nun bereit, in die Ewigkeit einzugehen!«

Der Engel blickte den Heiligen nach Engelart weise und huldvoll an und sprach: »Was glaubst du wohl, wo du die ganze Zeit gewesen bist?«

76

SCHUSTER KONRAD

An diesem Morgen war Konrad, der Schuster, schon sehr früh aufgestanden, hatte seine Werkstatt aufgeräumt, den Ofen angezündet und den Tisch gedeckt. Heute wollte er nicht arbeiten. Heute erwartete er einen Gast. Den höchsten Gast, den ihr euch nur denken könnt. Er erwartete Gott selber. Denn in der vorigen Nacht hatte Gott ihn im Traum wissen lassen: Morgen werde ich zu dir zu Gast kommen. Nun saß Konrad also in der warmen Stube am Tisch und wartete, und sein Herz war voller Freude. Da hörte er draußen Schritte, und schon klopfte es an der Tür.

»Da ist er«, dachte Konrad, sprang auf und riss die Tür auf. Aber es war nur der Briefträger, der von der Kälte ganz rot und blau gefrorene Finger hatte und sehnsüchtig nach dem heißen Tee auf dem Ofen schielte. Konrad ließ ihn herein, bewirtete ihn mit einer Tasse Tee und ließ ihn sich aufwärmen.

»Danke«, sagte der Briefträger, »das hat gutgetan.« Und er stapfte wieder in die Kälte hinaus.

Sobald er das Haus verlassen hatte, räumte Konrad schnell die Tassen ab und stellte saubere auf den Tisch. Dann setzte er sich ans Fenster, um seinem Gast entgegenzusehen. Er würde sicher bald kommen.

Es wurde Mittag, aber von Gott war nichts zu sehen.

Plötzlich erblickte er einen kleinen Jungen, und als er genauer hinsah, bemerkte er, dass dem Kleinen die Tränen über die Wangen liefen. Konrad rief ihn zu sich und erfuhr, dass er seine Mutter im Gedränge der Stadt verloren hatte und nun nicht mehr nach Hause finden konnte. Konrad legte einen Zettel auf den Tisch, auf den er schrieb: Bitte, warte auf mich. Ich bin gleich zurück! Er ließ seine Tür unverschlossen, nahm den Jungen an der Hand und brachte ihn nach Hause.

Aber der Weg war weiter gewesen, als er gedacht hatte, und so kam er erst heim, als es schon dunkelte. Er erschrak fast, als er sah, dass jemand in seinem Zimmer am Fenster stand. Aber dann tat sein Herz einen Sprung vor Freude. Nun war Gott doch zu ihm gekommen.

Im nächsten Augenblick erkannte er die Frau, die oben bei ihm im gleichen Hause wohnte. Sie sah müde und traurig aus. Und er erfuhr, dass sie drei Nächte lang nicht mehr geschlafen hatte, weil ihr kleiner Sohn Petja so krank war, dass sie sich keinen Rat mehr wusste. Er lag so still da, und das Fieber stieg, und er erkannte die Mutter nicht mehr. Die Frau tat Konrad leid. Sie war ganz allein mit dem Jungen, seit ihr Mann verunglückt war.

Und so ging er mit. Gemeinsam wickelten sie Petja in feuchte Tücher. Konrad saß am Bett des kranken Kindes, während die Frau ein wenig ruhte.

Als er endlich wieder in seine Stube zurückkehrte, war es weit nach Mitternacht. Müde und über alle Maßen enttäuscht legte sich Konrad schlafen. Der Tag war vorüber. Gott war nicht gekommen.

Plötzlich hörte er eine Stimme. Es war Gottes Stimme. »Danke«, sagte die Stimme, »danke, dass ich mich bei dir aufwärmen durfte – danke, dass du mir den Weg nach

Hause zeigtest – danke für deinen Trost und deine Hilfe – ich danke dir, Konrad, dass ich heute dein Gast sein durfte.«

JAKOB MALT EIN WEIHNACHTSBILD

Jakob zeichnet und malt für Weihnachten. Tante Helli wünscht sich ein Kripperl mit Jesuskind, Esel und Ochs. Onkel Fritz wünscht sich Hirten auf dem Weg nach Betlehem. Die Omama hätte gern einen Engel, der freundlich dreinschaut und »Fürchtet euch nicht!« sagt.
Jakob zeichnet eine Sprechblase vor den Mund des Engels und schreibt »Fürchtet euch nicht!« hinein. Dann sagt er zu Katharina: »Jetzt hab ich für jeden ein schönes Geschenk!« »Nur für das Geburtstagskind noch nichts!«, sagt Katharina. »Für Jesus. Er hat zu Weihnachten Geburtstag. Eigentlich müsste man ihm etwas schenken!« »Meinst du, er hätte Freude an einem Bild?«, fragt Jakob. »Wenn es sehr schön und bunt ist – warum nicht?«, fragt Katharina.
Jakob nimmt ein neues Zeichenblatt. Er zeichnet einen Christbaum mit vielen Kerzen und Kugeln und Zuckerln in Fransenpapier. »Ich helf dir«, sagt Katharina. Sie malt Tupfen und Sterne auf die Kugeln und um jede Kerze einen gelben Schein. »So«, sagt sie. »Jetzt bring ihm das Geschenk! Bring's ihm in die Kirche!« Jakob geht zur Kirche, aber das Tor ist verschlossen. Jakob steht auf der Straße und überlegt, was er tun soll. Das Christbaumbild flattert im Wind. Jakob muss es mit beiden Händen halten. Eine alte Frau bleibt neben ihm stehen. »So eine lustige, bunte

Zeichnung«, sagt sie. »Das ist wohl ein Weihnachtsge-
schenk?«

»Ja«, sagt Jakob. Und dann hält er der alten Frau die
Zeichnung hin. »Ich schenk sie Ihnen!«

»Nein, so etwas!«, ruft die alte Frau. »So eine Überraschung ... danke ...«

Jakob rennt nach Hause. Katharina wartet schon auf ihn.
»Na?«, fragt Katharina. »Der Christbaum hat Jesus sehr
gut gefallen«, sagt Jakob. »Weißt du das bestimmt?«, fragt
Katharina. »Ja«, sagt Jakob. »Er hat mir's ausrichten lassen!«

QUELLENNACHWEIS

Trotz intensiver Bemühungen ist es uns nicht gelungen, alle Rechteinhaber zu ermitteln. Wir bitten diese daher um Verständnis, wenn wir gegebenenfalls erst nachträglich eine Abdruckhonorierung vornehmen können.

1 Chassidische Tradition
2 Hermann Multhaupt © Rechte beim Autor
3 Pater Kristudas, Das Reh mit dem Rüssel. Legenden, Erzählungen und Gebete aus Indien, J. Pfeiffer Verlag, München 1982. Rechte beim Autor
4 H.L. Gee
5 Frei nach einer Idee von Heinrich Lhotzky
6 Markus Hartenstein, aus: Vorlesebuch Religion 2. Geschichten für Kinder von 5–12, Dietrich Steinwede, Sabine Ruprecht © Persen Verlag GmbH, Buxtehude 2010 – AAP Lehrerfachverlage GmbH
7 Überliefert
8 Verändert und sehr verkürzt nach Reinhard Horn / Ulrich Walter
9 Willi Hoffsümmer
10 Nach Marianne Pichlmann und Anthony de Mello
11 Genaue Quelle unbekannt
12 Aus: Max Bolliger, Der grüne Fuchs. Zwei mal sieben Märchen und Parabeln © 2007 Verlag am Eschbach der Schwabenverlag AG, Eschbach / Markgräflerland
13 © Copyright Eva Hönick / Götz Naleppa
14 Aus: Janoschs kleine Tierkunde für Kinder © 1982 Beltz & Gelberg in der Verlagsgruppe Beltz, Weinheim / Basel
15 Peter Spangenberg © Rechte beim Autor, www.p-spangenberg.de

16 Aus: Hubertus Halbfas (Hg.): Religionsbuch für das 3. Schuljahr. Patmos Verlag, Düsseldorf 1985, S. 88. Copyright © 2010 by Bayerischer Schulbuchverlag, München
17 Genaue Quelle unbekannt
18 Renate Schubert © Rechte bei der Autorin
19 Genaue Quelle unbekannt
20 Aus:»Der Mond als Geschenk«, Kurzgeschichten von Susanne Püschel, Katercom-Verlag, Viersen
21 Aus: Norbert Lechleitner, Oasen für die Seele, S. 137f. © Verlag Herder GmbH, Freiburg im Breisgau, 2009
22 Nach einer Idee bei Ira Progoff
23 Nach einer Legende der Südsee, gekürzt nach Friedel Marggraf
24 Marie von Ebner-Eschenbach ® Thomas Fröhling © Literatur- und Pressebüro, Au
25 Swami Vivekananda
26 Stark gekürzt nach Oscar Wilde
27 Rosemai Schmidt nach dem Märchen »Brautfahrt nach Schweigenland« von Ludwig Strauß © bei der Autorin
28 Hubert Maria Ries, in: Der Prediger und Katechet, Heft 2/2008, S. 409 © Schwabenverlag, Ostfildern 2008
29 Sören Kierkegaard
30 Armin Kaupp © Rechte beim Autor
31 Heribert Haberhausen © Rechte beim Autor
32 Maria Lorentz, aus: M. Behnke/M. Bruns/M. Lorentz/R. Ludwig, Kinder feiern mit. Lesejahr A © Rechte bei der Autorin
33 Überliefert
34 Monika Endres © bei der Autorin
35 Aus dem Hinduismus
36 Frei nach einer Geschichte von O. Henry
37 Verändert nach Christ in der Gegenwart 51/1992, S. 423, genaue Quelle unbekannt
38 Aus: Max Bolliger, Der grüne Fuchs. Zwei mal sieben Märchen und Parabeln © 2007 Verlag am Eschbach der Schwabenverlag AG, Eschbach/Markgräflerland
39 Nach Gianni Rodari
40 Nach Hans Christian Andersen; verändert nach Christian Zippert
41 Nach Kosova, Afrikanische Märchen

42 Irma Humbach, aus: Die Mondfee © Aquamarin Verlag, 1987

43 Aus: Axel Kühner, Überlebensgeschichten für jeden Tag, 17. Auflage 2008 © Aussaat Verlag, Neukirchener Verlagsgesellschaft mbH, Neukirchen-Vluyn (Originaltitel: Wenn ich einmal reich wär)

44 Ludwig Bechstein

45 Quelle unbekannt

46 Mit einigen unwesentlichen Veränderungen aus dem Hebräischen übertragen von J. Kerschensteiner, in: Prediger und Katechet, I/81, S. 71 f, Franz Sageder

47 Ralf Johnen © Rechte beim Autor

48 Märchen aus Irland

49 Genaue Quelle unbekannt

50 Franz Melcher. Rechte beim Autor

51 P. Gerhard Eberts © Rechte beim Autor

52 Chinesische Legende

53 Aus: Petra Hillebrand, Kurzgeschichten für Feiern und Gottesdienste. Taufe, Hochzeit, Beerdigung, 2. Auflage © Tyrolia Verlag Innsbruck 2006

54 Berthold Lutz, Würzburg © Rechte beim Autor

55 Neu erzählt nach einer alten Überlieferung

56 Aus: Norbert Lechleitner, Balsam für die Seele, © Verlag Herder GmbH, Freiburg im Breisgau, 2. Auflage 2009

57 Genaue Quelle unbekannt

58 Anselm Grün, aus: Ein Stern genügt, um an das Licht zu glauben. Weihnachten mit Andrea Schwarz, Phil Bosmans und Anselm Grün, S. 2f. © Verlag Herder GmbH, Freiburg im Breisgau, 2. Auflage 2004

59 Herma Brandenburger © bei der Autorin

60 Aus: Margarete Walke, Die Blume in der Wüste. Neue Geschichten und Gesprächsimpulse für Gemeinde und Schule © Matthias-Grünewald-Verlag, Mainz 1998, S. 30f

61 Manfred Kyber (Originaltitel: Himmelsschlüssel). Rechte beim Autor

62 Andreas Laun OSFS, Das Märchen von den Zeitgutscheinen, in: Licht. Die Salesianische Zeitschrift, 66. Jahrgang 1979 (Nr. 4, Juli-August), Seite 14–15, Franz Sales Verlag, Eichstätt

63 Legende

64 Anne Steinwart © Rechte bei der Autorin

65 Originalfassung des Gedichts Footprints © 1964 Margaret Fishback Powers. Deutsche Fassung Spuren im Sand: Eva-Maria Busch. Copyright © der deutschen Übersetzung 1996 Brunnen Verlag Gießen

66 Legende; zitiert nach Worte des Vorsitzenden Mao-tse-tung

67 Russische Legende

68 Legende aus dem Mittelalter

69 Nach Fjodor M. Dostojewski

70 Genaue Quelle unbekannt

71 Genaue Quelle unbekannt

72 Aus: Hans Albert Höntges, Wir Kinder sind in Gottes Hand. Neue Familien- und Kindergottesdienste, S. 114–116 © Verlag Herder GmbH, Freiburg im Breisgau, 2000

73 (»Ein Sohn schreibt...«) Aus: Pierre Stutz, 50 Rituale für die Seele, S. 162 © Verlag Herder GmbH, Freiburg im Breisgau, 8. Auflage 2009

74 Rudolf Hagedorn

75 Albert Schweitzer

76 Nach einer russischen Legende

77 Lene Mayer-Skumanz © Rechte bei der Autorin

Geschichten fürs Herz

Willi Hoffsümmer (Hg.)
77 Herzfenster
Geschichten, die gut tun

6. Auflage
136 Seiten
Format 12 x 19 cm
Hardcover mit Leseband
ISBN 978-3-8436-0318-8

Geschichten sind so alt wie die Menschheit. In ihnen spiegeln sich die Erfahrungen vieler Generationen. Gute Geschichten können uns verzaubern und innere Fenster aufstoßen, sie berühren unser Herz. 77 solcher Geschichten, die der Seele gut tun und uns über die Hindernisse des Tages hinwegkommen lassen, hat Willi Hoffsümmer liebevoll für dieses Buch ausgewählt.

 PATMOS   www.patmos.de